河南财经政法大学华贸金融研究院重点资助

河南财经政法大学
HENAN UNIVERSITY OF ECONOMICS AND LAW

数字经济系列丛书

数字经济
与可持续转型研究

兰　静◎著

中国财经出版传媒集团

经济科学出版社
Economic Science Press

·北　京·

图书在版编目（CIP）数据

数字经济与可持续转型研究／兰静著．－－北京：
经济科学出版社，2023.11
（河南财经政法大学数字经济系列丛书）
ISBN 978－7－5218－4299－9

Ⅰ.①数⋯ Ⅱ.①兰⋯ Ⅲ.①信息经济-经济可持续
发展-研究 Ⅳ.①F49

中国版本图书馆 CIP 数据核字（2022）第 218100 号

责任编辑：王柳松
责任校对：李　建
责任印制：邱　天

数字经济与可持续转型研究

兰　静　著

经济科学出版社出版、发行　新华书店经销
社址：北京市海淀区阜成路甲 28 号　邮编：100142
总编部电话：010-88191217　发行部电话：010-88191522
网址：www.esp.com.cn
电子邮箱：esp@ esp.com.cn
天猫网店：经济科学出版社旗舰店
网址：http://jjkxcbs.tmall.com
固安华明印业有限公司印装
710×1000　16 开　11.5 印张　180000 字
2023 年 11 月第 1 版　2023 年 11 月第 1 次印刷
ISBN 978－7－5218－4299－9　定价：59.00 元
（图书出现印装问题，本社负责调换．电话：010－88191545）
（版权所有　侵权必究　打击盗版　举报热线：010－88191661
QQ：2242791300　营销中心电话：010－88191537
电子邮箱：dbts@ esp.com.cn）

前　言

　　20 世纪 90 年代以来，数字技术对社会经济系统进行了数字化改造，数字经济的蓬勃发展促进了新产业、新业态和新模式的不断涌现，企业的生产经营方式、政府的治理方式和居民的生活方式都受到了显著影响。与此同时，全球正面临着资源环境恶化、气候变化等可持续发展问题。越来越多的学者认为，只有社会经济系统发生根本性转变，才能解决资源环境恶化、气候变化等可持续发展问题。根据社会技术转型理论，可持续转型的动力来源于有可持续能力的创新利基。数字经济中涌现的知识技术密集、物质资源消耗少的新产业、新业态和新模式，提供了大量创新利基，数字经济符合可持续转型需求，从而可以影响现有的社会技术系统，为可持续转型提供可能。因此，需要明确数字经济助力可持续转型的理论机制和作用路径。

　　本书以可持续转型理论为理论依据，以可持续性科学分析框架为方法论，根据数字经济的构成和赋能特征，构建数字经济赋能可持续转型的理论分析框架，研究数字经济赋能可持续转型的作用机制和路径。基于转型绩效视角和转型过程视角，数字经济赋能可持续转型可以分解为两个具体的研究假说：一是数字经济通过影响经济绩效、环境绩效和社会绩效赋能可持续转型；二是数字经济通过促进转型过程中主体间的合作赋能可持续转型。首先，本书研究了数字经济影响可持续绩效及其作用机制，着重解释"是什么"和"为什么"的问题；其次，采用规范分析与实证分析的方法，从过程视角分析了数字经济和可持续转型实践中行为主体的作用，着重解释"怎么办"的问题。另外，数字经济和可持续转型都是比较宽泛的概念，因此，需要进行明确的定义和测度，才能较好地厘清两者之间的关系。本书进行了一定的设计和处理，以更有效地应对研究问题，其中包括：对可持续绩效进行定义，将其分解为经济绩效、环境绩效和社会绩效；对可持续转型过程进行分析，特别关注可持续创新利基的规模升级、生态构建和行为主体互动的过程；在数字经济测度方面，分别对基于窄口径的核心产业资本存量和基于宽口径的数字指数进行了测算，以便适用于具体实证研究。

在理论上，本书厘清了数字经济赋能可持续转型的理论分析框架，有利于完善数字经济与可持续转型的关系机制理论；在实证中，本书验证了数字经济赋能可持续转型的有效性，探究其作用机制和路径，以说明数字经济发展和可持续转型的协同演进。本书内容力求简明扼要，突出主要逻辑和重点事实，实证研究主要在中国的省域层面展开，案例研究涉及典型行业层面和典型区域层面的数字化实践，以期为相关理论研究和实践提供可行的研究视角和研究参考。

兰　静

2022 年 8 月 15 日

目　录

第1章 引　言

1.1　研究背景

1.1.1　数字经济的起源与发展

18 世纪中叶，第一次工业革命（工业 1.0，1760～1840 年）开创了蒸汽工业时代，与之相关的发明创造改变了生产方式，通过创新地使用煤炭能源，提高了人类的经济发展水平，将人类社会从农耕文明带入了工业文明。第二次工业革命（工业 2.0，1841～1950 年）是电气革命，电力和石油开始替代煤炭，在运输业、通信业和制造业涌现了大量发明创造，在一定程度上促进了以西方国家为核心的全球化政治经济格局的形成。第三次工业革命（工业 3.0，1951 年至今）是信息革命，以计算机和互联网技术为核心，提供了更加便利的信息传输方式。信息革命方兴未艾，2013 年在德国的汉诺威工业博览会上正式提出工业 4.0 的概念。2017 年 3 月，世界经济论坛成立第四次工业革命中心，旨在推动第四次工业革命相关技术的开发和应用，以应对新兴技术带来的各种挑战。第四次工业革命以数字技术为核心，物联网、人工智能（Artificial Intelligence，AI）、移动设备、大数据等新一代信息技术促进产业变革，又被称为数字革命或者智能革命。

数字经济起源于互联网及其相关基础技术。互联网（internet）始于 1969 年，最初主要用于高校、研究机构、国防部门和政府等主体，基于通用协议（主要是 TCP/IP），将计算机相互连接形成可覆盖全球的巨大

— 1 —

网络。20 世纪 90 年代开始，互联网技术出现大规模商业化应用，1994 年，图形化的商业浏览器（Netscape）开始使用，亚马逊网站成立；1998 年，搜索引擎公司谷歌（Google）成立。

中国在互联网和信息技术应用方面基本上与世界同步。1988 年 3 月，北京计算机应用技术研究所实施的国际联网项目——中国学术网（Chinese Academic Network，CANET）启动，旨在组织中国众多大学、研究机构的计算机与世界范围内的计算机网络相连。1987 年 9 月，CANET 在北京计算机应用技术研究所内正式建成中国第一个国际互联网电子邮件节点，揭开了中国使用互联网的序幕。1991 年 11 月，中国正式在美国斯坦福研究所网络信息中心（Stanford Research Institute's Network Information Center，SRI-NIC）注册登记了中国的顶级域名 CN，并且开通了使用中国顶级域名 CN 的国际电子邮件服务。[①] 1995 年 5 月，中国电信开始筹建中国公用计算机互联网（ChinaNET）——全国骨干网。1996 年 1 月，全国骨干网建成并正式开通，全国范围内的公用计算机互联网络开始提供服务。[②] 1997 年 11 月，中国互联网络信息中心（China Internet Network Information Center，CNNIC）第一次发布《中国互联网络发展状况统计报告》。1999 年 8 月，中国网通成立，主要提供宽带电信服务。[③] 2000 年 5 月，中国移动互联网（CMNET）投入运行，并推出"全球通无线应用协议（Wireless Application Protocol，WAP）"服务。[④] 从 2010 年起，人工智能、区块链、云计算、大数据等新一代信息数字技术被广泛应用于各行业，为中国社会经济的快速发展提供了新动能。

---

① 中国互联网络信息中心. 1986～1993 年互联网大事记［EB/OL］.（2009 - 5 - 26）［2022 - 8 - 10］. https://www. cnnic. net. cn/n4/2022/0401/c87 - 911. html.

② 中国互联网络信息中心. 1994～1996 年互联网大事记［EB/OL］.（2009 - 5 - 26）［2022 - 8 - 10］. https://www. cnnic. net. cn/n4/2022/0401/c87 - 912. html.

③ 中国互联网络信息中心. 1997～1999 年互联网大事记［EB/OL］.（2009 - 5 - 26）［2022 - 8 - 10］. https://www. cnnic. net. cn/n4/2022/0401/c87 - 913. html.

④ 中国互联网络信息中心. 2000～2001 年互联网大事记［EB/OL］.（2009 - 5 - 26）［2022 - 8 - 10］. https://www. cnnic. net. cn/n4/2022/0401/c87 - 914. html.

2017 年 12 月 8 日，习近平在中共中央政治局第二次集体学习时强调，"要构建以数据为关键要素的数字经济""推动实体经济和数字经济融合发展""发挥数据的基础资源作用和创新引擎作用，加快形成以创新为主要引领和支撑的数字经济"。① 2020 年，中国数字经济核心产业增加值占国内生产总值（GDP）的比重达到 7.8%。② 截至 2021 年，中国互联网网民数量已超过 10 亿人，互联网普及率达到 73%。2021 年 12 月，国务院发布《"十四五"数字经济发展规划》，为推动中国数字经济健康发展提供了政策支持。③

1.1.2　可持续发展与数字经济

工业革命为人类带来了物质生产力的飞跃，前所未有地推动了人类的文明进程，但工业革命也造成了气候变化、资源消耗高和生态环境破坏等后果，导致发展的不可持续。

伴随着自然资源消耗水平和温室气体排放量的大幅度提升，人类活动使人造物质资本不断积累，而自然资本却在不断减少。自 20 世纪 70 年代开始，全球的生态足迹已超过了生态承载能力，存在显著的生态赤字。④ 发达国家的环境友好型发展模式是以自然资源消耗产业和环境污染产业转移到发展中国家为前提的，发达国家并未从全球角度解决自然资源消耗提升的问题。因此，我们需要思考如何在自然资本不减少的前提下处理好自然资源消耗、环境污染和经济增长的关系。

研究表明，社会福利水平提升和经济增长之间为正相关关系，但并非一成不变。20 世纪 70 年代以来，学者们发现，经济增长不一定能带来社会福利水平的进一步提升（Niccolucci et al.，2007；Daly，2013）。经济增长产生的副作用，如，自然资本的耗竭、社会关系的弱化、收入差

---

① 新华社. 习近平主持中共中央政治局第二次集体学习并讲话［EB/OL］. （2017 − 12 − 9）［2022 − 8 − 10］. https://www.gov.cn/xinwen/2017 − 12/09/content_5245520.htm.

②③ 国务院. "十四五"数字经济发展规划［EB/OL］. （2022 − 1 − 12）［2022 − 8 − 10］. http://www.gov.cn/zhengce/content/2022 − 01/12/content_5667817.htm.

④ 碳足迹网. ［2022 − 8 − 10］. https://data.footprintnetwork.org/#/.

距的扩大等，影响了社会福利水平的提升。随着经济增长带来的福利边际收益小于福利边际成本，福利水平开始停滞甚至降低。经济增长的合理性和必要性遭到质疑，因此，学者们提出稳态经济概念或者负经济增长概念。对于发展中国家而言，社会福利水平提升和经济增长的关系仍为正相关关系，因此，仍需保持一定速度的经济增长。然而，资源过度消耗、环境破坏、社会公平等因素会影响经济发展质量，国家（区域）需要通过财富和收入的分配与再分配、环境污染治理、城乡一体化发展、区域协调发展等途径，提升经济产出的福利边际绩效，减少经济增长的负面影响。

21 世纪以来，数字经济成为新一轮科技革命和产业变革进程中改造社会经济的主要力量。

数字经济具有复合性，随着数字基础设施、硬件终端设备和软件系统的更新迭代，数字技术应用促进了新产业、新业态、新模式的涌现（唐杰和戴欣，2021）。一方面，数字技术与各生产要素融合，实现经济产出；另一方面，数字技术与各生产部门的生产过程相结合，生成并记录了大量数据，这些数据成为数字经济中的关键生产要素，驱动相关产业部门生产率的提升。中国国家统计局发布《数字经济及其核心产业统计分类（2021）》，提出数字经济包括数字产品制造业、数字产品服务业、数字技术应用业和数字要素驱动业。其中，数字产品制造业、数字产品服务业、数字技术应用业是数字经济的核心产业，被称为数字化产业。数字要素驱动业是在生产过程中结合数字技术产生大量数据，通过对数据的生产、加工和利用，提高生产效率的传统产业部门，被称为产业数字化。与此同时，数字技术在区域治理方面和公共服务方面的应用越来越广泛，如，数字政务、城市大数据治理、数字医疗、数字教育等。在新一轮科技革命和产业变革过程中，数字经济作为一种新型经济形态，进一步打开了资源、环境、市场的新发展空间，为克服自然资源匮乏、环境污染、经济增长乏力等问题提供了可能。然而，当前对数字经济赋能可持续转型的作用机制缺乏系统化、理论化的研究，具体的政策含义有待进一步挖掘。

1.2 研究问题及研究意义

1.2.1 研究问题

改革开放 40 多年来，至 2022 年，中国人均 GDP 已突破 1.2 万美元大关，是世界第二大经济体。需要关注的是，虽然中国经济实现了多年高速增长，但是，在经济高速增长的背后，存在着经济发展方式和产业结构深层次的问题。

近年来，中国经济增速逐年放缓，以廉价劳动力红利、生态环境红利、市场红利、基础设施建设红利和全球化红利等为动力的传统发展模式开始乏力。中国积极应对国内国际的多重挑战，现阶段，培育发展知识技术密集型、物质资源消耗少的新动能已经成为推动中国经济转型升级的重要路径。

在政策方面，2010 年 10 月，《国务院关于加快培育和发展战略性新兴产业的决定》发布之后，从国家层面到地方层面相继出台了多项政策文件，指导产业发展和培育经济新动能。

2015 年 3 月，《政府工作报告》提出："必须以经济体制改革为重点全面深化改革，统筹兼顾，真抓实干，在牵动全局的改革上取得新突破，增强发展新动能"。[①]

2020 年 9 月，中国政府响应全球气候治理号召，提出双碳（碳达峰和碳中和）目标，践行新发展理念，主动要求转变经济发展方式，优化经济结构，转换经济增长动能。[②]《2030 年碳达峰行动方案》指出，要加强新型基础设施节能降碳，推进工业领域数字化、智能化、绿色化融合

---

① 新华社. 政府工作报告［EB/OL］. （2015 – 3 – 16）［2022 – 8 – 10］. https：//www. gov. cn/guowuyuan/2015 –03/16/content_2835101. htm.

② 刘中民. "碳达峰"与"碳中和"——绿色发展的必由之路［EB/OL］. （2022 – 4 – 6）［2022 – 8 – 10］. https：//www. gov. cn/yaowen/2023 – 04/06/content_5750183. htm.

发展，要求各地区因地制宜推进绿色低碳发展。① 整体来看，中国正围绕新兴产业和数字经济打造促进经济社会可持续转型的新动能。

数字经济能否助力可持续转型？如何助力？本书以可持续转型理论为依据，以可持续性科学分析框架为方法论，根据数字经济的特征和构成，研究数字经济对可持续转型的赋能作用，从而为数字经济赋能可持续转型提供理论基础和政策依据。本书在研究数字经济和可持续转型的关系时，一是从经济绩效方面、环境绩效方面和社会绩效方面探讨和验证了数字经济赋能可持续转型的作用机制；二是研究了数字经济促进主体间合作，支持可持续转型的过程。具体的，本书将研究问题解构为以下五个子问题。

第一，如何理解数字经济对可持续转型的赋能作用？

第二，在经济维度，数字经济能否成为发展的新动能，促进经济绩效？

第三，在环境维度，数字经济对环境绩效的提升（如，降污减排）是否有正面作用，作用机制是什么？

第四，在社会维度，数字经济是否在提升社会可持续绩效、可持续转型上具有赋能作用，作用机制是什么？

第五，如何理解数字经济赋能可持续转型过程中行为主体的作用（如，能源行业、城市交通行业、城市等可持续转型）？

1.2.2 研究意义

本书的理论意义包括：（1）在厘清数字经济概念的基础上，探讨了数字经济赋能的作用机理，为数字经济的理论发展提供了支持，有利于丰富和发展数字经济理论；（2）梳理了可持续发展问题的形成及其治理方式，通过解构可持续转型的过程和绩效，重新审视行业、区域可持续转型的策略，有利于扩展和深化可持续转型理论；（3）从理论上分析了数字经济赋能可持续转型的作用，利用可持续性科学分析框

---

① 国务院. 2030 年前碳达峰行动方案［EB/OL］.（2021－10－26）［2022－8－10］. http：//www. gov. cn/zhengce/content/2022－01/12/content_5667817. htm.

架，审视数字经济对可持续转型目标和转型过程的影响，探究其中的作用机制和实施路径，有利于完善数字经济赋能可持续转型的机制研究。

本书的实践价值包括：（1）验证了数字经济赋能可持续转型的有效性和作用机制，有助于促进数字经济和可持续转型的协同演进，优化可持续转型路径；（2）验证了数字经济赋能可持续转型、提升可持续绩效的机理机制，数字经济中涌现的新产业、新业态和新模式打破了社会经济系统对现行技术与制度的路径依赖，为解决可持续发展问题提供新的思路；（3）构建了价值共创、协同演化和合作治理的可持续转型评价框架，可用于分析行为主体在应对可持续转型过程中的作用。

1.3　研究设计与研究内容

可持续转型和数字经济都是比较宽泛的概念，因此，需要进行明确的定义和测度，才能较好地研究两者之间的关系。本书进行了以下三点处理。

（1）将可持续转型分解为可持续转型过程和可持续绩效。首先，可持续转型是解决可持续发展问题的方式，可持续绩效是对可持续转型效果的评价，根据可持续发展的三重底线理论，本书将可持续绩效分解为经济绩效、环境绩效和社会绩效，以检验数字经济的可持续转型效果；其次，对可持续转型过程进行分析，主要关注数字经济的创新利基①、生态关系构建和主体互动的过程。

（2）将数字经济定义为基于数据要素、信息网络和数字技术，通过对各要素和主体赋能而产生的一系列社会经济活动。该定义突出了数字经济的特征和能力，强调了其对社会经济的影响，适用于本书的研究。

（3）采用两种方式对数字经济进行测度，一种方式是对信息与通

---

① 利基是英文"niche"的音译，商业术语，是指狭小但需求仍未得到满足的市场，在本书中是指新技术、新业态、新模式等。

信技术（Information and Communications Technology，ICT）的资本存量进行测度，主要用于研究数字经济对经济绩效的影响作用；另一个是对中国省级区域数字经济发展情况进行综合测度，通过构建区域数字经济发展指数，实证研究数字经济发展水平对环境绩效、社会绩效的影响作用。

本书的研究内容分为 8 章，第 1 章为引言，第 2 章和第 3 章的内容对应 1.2.1 小节的第一个研究子问题，第 4 章的内容对应 1.2.1 小节第二个研究子问题，第 5 章的内容对应 1.2.1 小节第三个研究子问题，第 6 章的内容对应 1.2.1 小节第四个研究子问题，第 7 章的内容对应 1.2.1 小节第五个研究子问题，第 8 章为研究总结，并对研究问题进行进一步探讨。各章的主要内容安排如下。

第 1 章，引言。本章主要阐述研究的实践背景和理论背景，提出研究问题、研究意义、创新点和研究范围，介绍研究方法、技术路线、研究内容和框架结构。

第 2 章，可持续转型理论基础。本章对可持续发展问题与可持续转型的理论演进进行阐述和梳理，为本书的研究提供理论基础。首先，梳理和总结 20 世纪 70 年代以来可持续发展问题的应对和理论演进；其次，对可持续转型理论的相关研究进行综述。

第 3 章，数字经济与可持续转型的研究框架构建。本章的主要内容包括，分析数字经济的概念内涵；梳理数字经济赋能可持续转型的理论逻辑；基于可持续转型理论和可持续分析方法论，提出数字经济赋能可持续绩效和可持续转型过程的研究假设。

第 4 章，数字经济对经济绩效的影响研究。本章的主要内容包括，数字经济 ICT 资本存量的测度、ICT 资本对经济产出的贡献和作用、ICT 资本对全要素生产率变化的影响。

第 5 章，数字经济影响环境绩效的作用机制研究。本章先构建区域数字经济发展指数，进而分析数字经济影响环境绩效的理论机制，最后，验证数字经济对环境绩效的影响、异质性和作用机制。

第 6 章，数字经济影响社会绩效的作用机制研究。本章综合考虑客观福利指标和主观福利指标，从收入水平、受教育水平和医疗水平三个维度设置社会发展指标和差异指标，实证研究数字经济影响社会绩效的作用机制。

第 7 章，数字经济赋能可持续转型的主体和过程研究。本章基于可持续转型理论和主体关系研究，构建基于主体和过程的可持续转型评价框架，分析数字经济背景下行为主体在价值共创、共同演化和合作治理方面对可持续过程的作用。

第 8 章，研究结论与研究展望。本章总结本书的主要研究结论、研究局限性及进一步研究的方向。

1.4 研究方法与技术路线

为了研究解决问题，本书围绕"文献理论综述—提出理论模型和假说—宏观样本实证研究—行业和区域经验研究—形成结论"的研究思路，采用定性研究和定量研究相结合、规范研究和实证研究相结合的研究方法。本书采用的研究方法具体有以下三点。

第一，针对第 2 章、第 3 章的理论研究，使用文献分析法和规范分析法。在确定研究问题的基础上，理论研究部分系统整理与本书相关的文献，对核心变量进行定义和特征研究；通过逻辑推理和理论分析，建立相应的理论框架，提出待检验的假设。

第二，针对第 4 章、第 5 章、第 6 章的实证研究专题，使用国民经济统计法、计量经济学方法、熵权法等。该部分使用经济增长核算框架方法计算数字经济核心产业的 ICT 资本存量，使用熵权法计算数字经济发展指数，继而基于搜集整理的数据，利用计量经济学的相关模型方法进行实证分析，借鉴管理学的中介效应概念与调节效应概念，验证作用机制和异质性。

第三，针对第 7 章的实证研究专题，使用规范分析法和案例分析法，评价在数字技术赋能背景下行为主体对可持续转型过程的影响。

本书的技术路线，如图1-1所示。

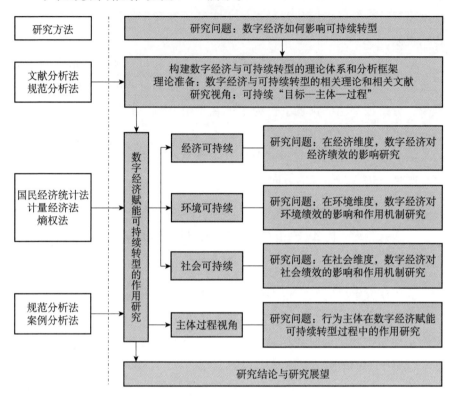

图1-1　本书的技术路线

资料来源：笔者根据本书研究思路运用Office 365软件绘制而得。

第 2 章　可持续转型理论基础

2.1　理解可持续发展问题

现代的环保主义和绿色运动始于 19 世纪末，吉福德·平肖（Gifford Pinchot）指出，可持续的含义是未来世代能够与当前世代具有同样的消费水平。20 世纪 70 年代开始，西方涌现出一大批理论，反思社会、环境与经济发展之间的关系。1971 年，乔治埃斯库·罗根（Georgescu Roegen）在其著作《熵的定律和经济过程》（*the Entropy Law and the Economic Process*）中提出，热力学第二定律应该是人类经济活动的最基本模型，物质和能量都存在不可逆转的耗散，人类应正视经济增长的资源环境成本。1972 年，罗马俱乐部发表的《增长的极限》（*the Limits to Growth*）指出，自然资源的稀缺性和生态约束，使环境污染可能对经济增长造成抑制作用。1972 年 6 月，联合国在瑞典斯德哥尔摩举行世界环境会议，引发了更大范围内关于环境与发展的讨论。

一般认为，要实现可持续发展，可采取减少人类活动的方式，如，减少自然资源的开采、加工，减少废水排放和废弃物排放等，以实现生态环境系统长期可持续发展。更加激进的观点是放弃发展，通过经济倒退（degrowth）方式，实现生态环境系统可持续。戴利（Daly，1977）在理论上梳理了环境系统与经济系统的关系，延伸了罗马俱乐部的相关讨论。该文献指出，经济系统是内生于环境系统的，传统的古典经济学没有考虑环境资源对经济的贡献，不断扩大的经济边界使现在的世界已经从空的世界（empty world）到了满的世界（full world），认为解决环境与发展之间矛盾的关键在于厘清资源—生产—产品—效用的关系，人们使用资源的最终目的是提升效用，在保证效用稳定增长的情况下，资源消耗不变或者消耗降低，就可以实现效用与物质、物质和资源消耗之间的双脱钩发展（Daly，2004）。

自然资源分为可再生自然资源和不可再生自然资源。可再生自然资源包括，干净的空气、淡水、适宜的气候、物种多样性等，有着明显的区域性公共资源或全球性公共资源的经济特征，① 过度开发和使用会导致某些可再生资源具有稀缺性。不可再生自然资源具有稀缺性，是指地质资源中的化石燃料、金属矿与非金属矿等，使用后其在短期内无法恢复（其成矿周期往往以数百万年计）。然而，在 20 世纪 70 年代，主流经济学家广泛认同的观点是，资源稀缺性问题并不是迫切的问题，资本能够替代大多数物质资源。之后，学术界形成了弱可持续发展观和强可持续发展观的争论。弱可持续发展观认为，总资本存量包括人力资本、人造资本和自然资源，自然资源和其他形式的资本之间是完全替代关系。上述资本存在这样的补偿原则：增加的人造资本和人力资本通过替代减少的自然资源，可达到总资本存量不变或者增加的结果。强可持续发展观认为，人造资本或人力资本无法替代自然资本存量，社会经济服务不能替代自然提供的全部生态服务。因此，强可持续发展观的支持者主张，自然资本对人类福祉来说是必不可少的，尤其是关键的生态产品和生态服务、独一无二的环境和自然栖息地、生物多样性等。

1987 年，世界环境与发展委员会（World Commission on Environment and Development，WCED）发布《我们共同的未来》（*Our Common Future*），在国际层面引起了广泛关注，该报告将可持续发展定义为：既满足当代人的需求，又不损害后代人满足其需求的能力的发展。该报告还提及，环境是必要的生产要素，是为人类提供福利的重要资源，世界各国特别是发展中国家要将环境保护视为经济发展的重要组成部分。可持

---

① 可再生自然资源大部分是公共资源，如，公海中的鱼、适宜的自然环境等。公共资源具有一定的竞争性和非排他性的经济特征。自然资源的稀缺性会导致资源具有竞争性，自然资源非排他性是指不能排除其他人使用该资源。

续发展理念要求，在不超过地球环境承载力的前提下，满足人类欲望的
能力得到质的改善。

2.2　可持续发展问题的认识与应对

20 世纪七八十年代，人们认为可持续发展问题是环境问题，针对环
境污染问题，如，水污染、酸雨、当地空气污染和废物排放等，应采用
清洁技术进行末端治理（end-of-pipe treatment）。末端治理是在生产过程
的末端有针对性地对产生的污染物进行治理，减缓生产活动对环境的破
坏程度。末端治理是环境治理的重要方式，然而，仅关注末端治理并不
能有效地解决可持续发展问题。其局限性表现在：第一，末端治理效率
较低，缺乏对整体资源的有效规划和有效利用，容易造成资源浪费；第
二，末端治理成本费用较高，需要投入专用资本购买处理污染的设备，
造成企业短期内生产成本上升，经济效益下降；第三，末端治理很难根
除污染物，容易造成二次污染或污染转移，如，为减少二氧化硫排放而
进行的终端脱硫，会形成大量废渣。因此，需要对生产全过程进行治理，
以减少污染物产生，从而根治环境污染问题。

新古典主义经济学认为，环境污染问题是由市场失灵造成的，原因
在于，生产者的产品成本中没有体现污染对环境的负面影响。同时，清
洁环境的公共资源特性会导致社会绿色投资的"搭便车"效应[①]，使社会
整体环境投资偏少。因此，为了解决环境问题，政府可以通过环境税、
环境补贴和可交易许可证等政策解决市场失灵问题，改变市场运行的条
件（Butter and Hofkes，2006）。环境成本内部化引起总成本增加，促使企
业加强对绿色技术的研发投资，最终影响社会经济系统向环境友好方向

---

① 搭便车效应，是由美国经济学家曼柯·奥尔逊（Mancur Olson，1965）在《集体行动的
逻辑：公共利益和团体理论》（*The Logic of Collective Action Public Goods and the Theory of Groups*）
一书中提出的经济学概念，其基本含义是不付成本而坐享他人之利，是指在利益群体内，公共资
源的非排他性使得部分成员为所有成员的收益承担成本，其他成员可以获得收益而不付出成本。

转变。政府环境规制也是减少环境污染问题的方式。然而，斯佩思（Speth，2008）指出，政府环境规制存在"3 个 80%"，即政府环境规制只能覆盖 80% 的环境问题，80% 的政府环境规制被实施，80% 的实施是有效的，3 个 80% 相乘最终得到小于 50% 的治理效果。

  循环经济理论认为，应该发展"从摇篮到摇篮"①的循环经济，重视资源的循环利用，采取系统的方式解决可持续发展问题。该概念源于美国经济学家鲍尔丁·K. E.（Boulding K. E.，1966）提出的宇宙飞船经济观，假设地球是太空中的一艘飞船，有限的资源终将被不断增加的人口和无序的经济增长消耗殆尽，生产和消费中排出的废料将污染飞船，最终导致飞船系统的崩溃。因此，应发展可以循环利用各种物质的循环经济，以解决环境污染、资源枯竭问题。1990 年，英国环境经济学家大卫·W. 皮尔斯（David W. Pearce）和克里·特纳（Kerry Turner）在其合著的《自然资源与环境经济学》（*Natural Resources and Environmental Economics*）中首次提出循环经济的术语。1998 年，中国学者诸大建将该术语和循环经济理论引入中国。循环经济是末端治理的延伸，在理论和实践上要求遵循 3R 原则，以避免废物和污染的最终产生。3R 原则要求，在生产投入端资源使用的减量化（reduce），在过程中再使用以延长产品的使用周期（reuse），在终端最大限度地减少废弃物排放，并对废弃物无害化后进行再循环利用（recycle）。循环经济 3R 运作模型，如图 2 - 1 所示。循环经济的核心在于减量化，实现方式包括在资源开采、材料加工、零部件生产和产成品方面的减量化，如，节约资源、产品小型化轻型化、减少不必要的包装等，以提升各个阶段的资源利用率。再使用是指，通过反复使用、共享使用、回收使用等方式，延长产成品的使用周期，实现物尽其用。再循环要求将发生在生产过程中的废物进行回收循环和无害化处理，包括对用户购买的产品和产品服务系统中的产品循环利用。产品服务系统（Production Service System，PSS）是实现产品和服务循环

---

  ① 威廉·麦克唐纳和迈克尔·布朗嘉特（William McDonough and Michael Braungart，2002）提出"从摇篮到摇篮"的循环经济设计理念应对可持续发展问题。该理念认为，产品系统和城市系统应该设计得像大自然一样，资源可以不断循环利用，从摇篮持续走向摇篮。

再使用的业务模型系统，其典型运作方式有：基于产品的 PSS，企业提供有形产品的所有权并附带相关服务，如产品的后期服务和维修合同；基于功能的 PSS，企业向用户提供达到绩效目标的服务，如能源管理服务，承诺帮助用户达到更好的能源使用目标，提高能源使用效率，节省用能成本。循环经济 3R 运作模型可作为以企业活动为基础的循环模型，也可扩展至产业链、产业园、城市和区域等层面，以解决更大范围内的环境问题和资源消耗问题。

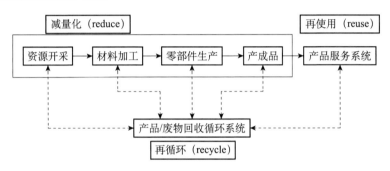

图 2 - 1 循环经济 3R 运作模型

资料来源：诸大建. 可持续发展呼唤循环经济 [J]. 科技导报，1998 (9)：40.

1992 年，联合国在巴西的里约热内卢举行世界环境与发展会议，会议通过《21 世纪议程》（*Agenda* 21），提出将环境与发展整合起来的可持续发展战略，指出全球环境持续恶化的主要原因在于不可持续的消费方式和生产方式。1994 年，联合国环境规划署（United Nations Environment Programme，UNEP）发表《可持续消费的政策因素》（*Element of Policies for Sustainable Consumption*）报告，指出可持续消费是支持强可持续发展观的消费模式。2002 年，第七次清洁生产会议将可持续消费的概念扩展为可持续消费和可持续生产（Sustainable Consumption and Production，SCP），并指出在产品或服务的生命周期内要始终保证对自然资源和有毒材料使用量的最小化、废物和污染物产生量的最小化，从而既满足人们对服务与产品的基本需求，有高质量的生活，又不会危害后代人的需要。

在面对可持续发展和气候变化问题时，越来越多的学者认为，仅使用技术性的方法不能解决系统性问题，因此，超越技术的可持续转型理论被提出，以捕捉可持续发展问题中更深层的文化、社会、政治关系等因素。政府间气候变化委员会（Intergovernmental Panel on Climate Change IPCC）认为，转型（transformation）是解决人为气候变化发生原因、过程和影响的基本途径。据此，政府间气候变化委员会（2012）将转型定义为系统基本属性的改变，包括价值系统、管理、立法或官僚体制、金融系统及技术系统。① 可持续转型（Transformation towards Sustainability，T2S）被认为是一种规范性的框架，强调变革活动和变革过程，以及在变革过程中产生的积极的环境效益、社会效益和经济效益。可持续转型理论认为，有意的结构改变过程或系统改变过程非常重要，这将经济系统、社会系统和环境系统引向更加可持续发展的方向。可持续转型过程包括，缓解、适应及协同，在城市中缓解和适应可持续发展问题的行动往往同时进行，从而形成相互依赖的转型方案（Viguie and Hallegatte，2012）。一些学者认为，转型只有在社会系统和生态系统朝着理想的、进步的方向发展时才会成功，不适应的、刻意的转变可能导致负面结果（Pelling et al.，2015）。

2015 年，联合国制定了可持续发展目标（Sustainable Development Goals，SDGs），用于指导 2015 ~ 2030 年的全球发展工作。SDGs 涵盖经济、社会和环境三大领域17 项可持续发展目标及 169 项具体目标，旨在鼓励以综合的方式解决社会、经济和环境三个发展维度的目标。社会发展维度的目标，包括消除贫困、消除饥饿、良好的健康与福祉、优质的教育、性别平等、缩小差距、清洁饮水与卫生设施；经济发展维度的目标，包括经济适用的清洁能源、可持续城市和可持续社区、采用可持续消费模式和可持续生产模式、体面的工作和经济增长、工业、创新和基础设施；环境发展维度的目标，包括气候行动、水下生物、陆地生物；保证性目标，包括和平、正义与强大机构和促进目标实现的伙伴关系。

---

① 2012 年 2 月，IPCC 发表了《管理极端事件和灾害风险，提升气候变化适应能力》（*Managing the Risks of Extreme Events and Disasters to Advance Climate Change Adaptation*）报告，见 https：//www.ipcc.ch/report/managing-the-risks-of-extreme-events-and-disasters-to-advance-climate-change-adaptation/。

2019 年 9 月，联合国发布的《全球可持续发展报告》中提及，SDGs 的问题在于缺乏具有强制性的报告机制，而且，可持续发展目标与经济发展目标存在一定矛盾，建议将目标重新分类为人类福祉、可持续经济、城市发展等方面的综合目标，把重点放在实现综合目标上，以减少目标之间矛盾的情况。

20 世纪 70 年代以来环境与可持续发展问题的认识及应对框架，见表 2 - 1。从表 2 - 1 中可以看到，人们对环境与可持续发展问题的认识不断加深，采取的应对策略和应对行动越来越重视整体的绩效和影响，理论和认识在实践中不断进步，并反过来指导相关行动的演进。

表 2 - 1　　　　20 世纪 70 年代以来环境与可持续发展问题的认识及应对框架

时间	问题认识	应对策略	主要的理论基础	应对行动
20 世纪 70 年代	水污染、酸雨、空气污染和废物等本地污染问题，资源浪费、负外部性	末端治理、污染控制、环境管理等	古典经济学、环境经济学、产业生态学	自上而下的规制和标准、价格信号、环境税等
20 世纪 90 年代	全球性环境问题	绿色产品、生态创新、循环经济	演化经济学、创新理论、商业研究	研发、设计和条件调整等
2000 年至今	全球性社会技术系统问题	可持续消费与生产、可持续转型、全球可持续发展目标	演化经济学、制度理论、创新社会学、转型理论等	创新、广泛的主体参与、制度保证

资料来源：李慧. 社会技术转型多层级视角：形成背景、理论渊源及构成框架 [J]. 中国科技论坛，2019 (4)：44.

2.3　可持续转型研究

2.3.1　路径依赖与路径突破

路径依赖的研究始于戴维（David，1985）对 QWERTY 键盘的技术锁定分析，并指出技术相关性、规模经济、技能构建后的不可逆性等路径依赖因素，导致 QWERTY 键盘被锁定为主导键盘标准。路径依赖是指，宏观主体、微观主体（企业、个人等）会沿着积累的经验和形成的技术、制度及分工等既有路径继续发展的过程和状态（Arthur，1989；Krugman，1987；North，1990）。历史偶然因素或偶然事件的影响使技术发展过程呈现出一种非遍历性的随机动态，发展结果表现出锁定于既有的结构或路径之中。在短期内，路径依赖可以降低主体的运行成本；在长期内，宏观主体、微观主体的发展路径被囿于现有的社会技术体系中，无法对新的情境（如，新市场、新产业、新技术等）做出更加优化的反应，最终可能陷入衰退。为了应对衰退压力，宏观主体、微观主体会采取一定的革新方式，如，对现有技术系统进行延续式创新①，以期实现路径突破（亦称为路径解锁）。然而，当路径依赖严重阻碍知识更新和技术更新时，宏观主体、微观主体需要进行某种颠覆式创新，创造新的发展路径，以期实现跃迁性的路径突破。实际上，延续式创新没有跳脱原有的技术系统，一般很难真正实现路径突破。

如何实现对不可持续的制度、技术、产业和区域发展的路径突破，是可持续转型理论讨论的重要问题。低碳转型是可持续转型的核心目标之一，通过分析低碳转型的理论和相关文献，可以帮助我们更清晰地理解可持续转型。低碳转型中的路径依赖和路径突破，被称为碳锁定和碳解锁。碳锁定是路径依赖的一种特殊情况，能源技术具有自我强化的特征，这决定了当前社会经济的高碳特征和发展路径。学者们对碳锁定的形成机理进行了深入而细致的研究。学者们指出，以工业经济为特征的现代经济社会系统被锁定在以化石能源（煤炭、石油、天然气等）为基础的能源系统中，化石能源技术与制度相互锁定，这导致低碳技术的应用与扩散受阻，而规模报酬递增推动了化石能源技术和制度的共同演化，形成碳锁定的技术—制度复合体（Techno-Institutional Complex，TIC）

---

① 克莱顿·M. 克里斯滕森（Clayton M. Christensen，1997）在《创新者的窘境》（the Innovator's Dilemma）中，将创新分为延续式创新和颠覆式创新。延续式创新又称为渐进性创新，是对既有技术体系和技术轨迹的改进和延伸，是一种技术创新的常态。颠覆式创新意味着对既有技术轨迹的颠覆。

（Unruh，2000）。李宏伟和杨梅锦（2013）指出，技术锁定、组织锁定、产业锁定、制度锁定、社会锁定和全球化锁定的相互嵌套和交互强化，导致碳锁定下的高转换成本。濑户等（Seto et al.，2016）总结了碳锁定的类型，包括技术锁定与基础设施锁定、制度锁定和社会行为锁定。多种碳锁定类型相互耦合、演化和强化，通过规模经济、学习效应、网络效应和适应性预期等报酬递增机制，使化石能源技术成为主导技术。随着投入的增加、互补性技术和资产专用性的形成，最终出现系统锁定（Erickson et al.，2015；李宏伟，2016）。

碳锁定已经成为阻碍低碳技术扩散和低碳经济发展的重要原因（Unruh，2019），发展低碳经济和低碳转型的根本在于实现碳解锁。碳锁定可以通过外部事件冲击的方式解锁（Unruh，2002），也可以从技术创新、技术进步、制度创新、碳排放权交易机制等角度进行解锁（李宏伟和杨梅锦，2013；徐盈之等，2015；Healy and Barry，2017；孙丽文等，2020b）。在验证碳解锁作用机制时，学者们将碳解锁问题具体化，探讨某个行业或者某个区域碳锁定的原因（Carley S.，2011；刘晓凤，2017），学者们采用可观察、可量化的指标探讨碳解锁的影响机制和破解方法，其作用路径和作用方法包括科技创新（郭进和徐盈之，2015）、环境规制（孙丽文等，2020a）、碳排放权交易（孙丽文等，2020b）、生产要素约束（Chen et al.，2021）、产业结构（郭卫香和孙慧，2018）和主体行为策略（Nordhaus，2015；梁中等，2020）等。李宏伟（2017）指出，创新战略能为低碳技术的发展和应用提供受保护的空间，为实现碳解锁创造条件。梁中和胡俊康（2019）围绕治理目标、治理责任和治理动力三个维度，构建了多主体合作治理进行碳解锁的逻辑框架。巴斯克斯和哈拉克（Vazquez and Hallack，2018）指出，适应性的治理框架是碳解锁的关键。马等（Ma et al.，2020）通过研究城市低碳转型的多个实践案例，认为要进行碳解锁，必须实现治理上的多主体协同、商业上的共同演化和行为上的价值共创。

2.3.2　多层视角转型理论

可持续转型研究专注于解决全球气候变化和社会脆弱性等可持续发

展问题，提出系统性转型的理论模型和解决方案。帕克等（Park et al.，2012）在转型管理和行动学习理论基础上提出了转型适应周期模型，该模型假设转型是基于颠覆式创新的技术路径破坏过程，破坏只会持续很短一段时间，之后，系统将回到一个更稳定的增量适应周期。帕特森等（Patterson et al.，2015）指出，为了实现可持续转型，与特定系统相关的所有维度都需要脱离当前状态，从而共同实现更加可持续的未来。虽然这些理论模型对转型过程的特征和关系复杂性进行了深入分析，但是，并没有完全解释转型过程，没有回答"如何实现可持续转型"的关键问题（Lonsdale et al.，2015）。

近年来，多层视角转型理论异军突起，成为当前研究可持续转型的主要理论。多层视角转型理论（Multi-level Perspective，MLP）基于社会技术分析范式（Geels，2002），强调宏观层、中观层和微观层之间的协同演化，推动社会经济系统的可持续转型。该理论模型广泛应用于产业（Geels，2002、2010；Martin，2016）和区域的可持续转型研究（Bulkeley and Boto，2013；Hodson et al.，2017），重视创新利基的培育（Kivimaa et al.，2016）、机会窗口的打开（梁中和刘健，2018）和参与主体嵌入社会技术系统的过程和互动（Avelino and Wittmayer，2015；Haan and Rotmans，2018），对可持续转型的阶段和过程进行了详细说明（Loorbach et al.，2017）。多层视角转型理论，如图 2 - 2 所示。该理论模型把复杂的社会技术系统转型抽象为微观层、中观层和宏观层相互作用的动态非线性过程。

（1）微观层包括各种创新利基，又称为创新利基层（niche level）。该层提供了一个有利于创新利基发生的保护空间，如科研实验室、创新孵化器、示范工程等，保护新技术远离现有的竞争环境，从而得到生存发展。微观层鼓励颠覆性创新，鼓励产生与现有系统不同的思路、技术和产品，也为利基创新行为主体的网络构建和学习过程提供了空间。颠覆性创新是一种创新利基，但与一般的创新利基不同，颠覆性创新往往会挑战现有的社会技术系统，从而引发转型。

（2）中观层又称为社会技术系统体制层（regime level），包括现有技术、现有产品、消费者习惯、基础设施、行动者网络、正式规则和制度、非正式规则和制度等要素，这些社会技术系统要素共同构成了社会经济生产和社会经济再生产的稳定结构。社会技术系统的发展具有路径依赖性，通过维持已经建立的要素集合，形成稳定、渐进的技术发展轨迹。依赖性是指，对技术、产业、市场、科学、文化、政策各个要素的发展路径锁定，具体体现为经济锁定机制、社会锁定机制和政治锁定机制。在经济锁定机制中，既得利益者在面对沉没成本、技术优势和成本优势时，会反对变革和转型。社会锁定机制包括社会的已有认知、文化和思维惯性等，社会群体在面对已有的社会资本、稳定的关系和已形成的生活方式时，不易发生改变。在政治锁定机制中，既得利益者在面对有利于自身的现有法规和政治环境时，倾向于稳定现有的政治结构。

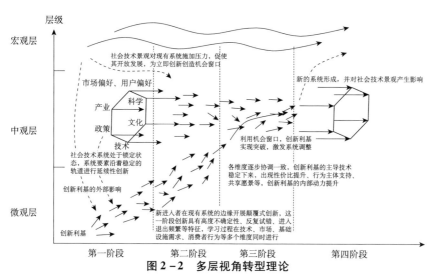

图 2-2　多层视角转型理论

资料来源：笔者根据吉尔斯·F. M.（Geels F. W.，2002）的研究，应用 Office 365 软件绘制而得。

（3）宏观层又称为宏观景观层（landscape level），是中观层活动与微观层活动的社会技术背景，也是社会技术系统转型的外部环境，如，生态环境情况、经济发展趋势等。宏观层是三个层次中最稳定的，变化非常缓慢，一旦发生变化，就会对现有的中观层造成压力，并为微观层创新利基的生存和发展提供机遇。

在横向上，将转型过程分为四个阶段，每个阶段分别在宏观层、中观层和微观层有不同的活动和互动，影响转型发展路径和转型成功与否。社会技术系统的转型，可以总结为四个阶段（见图 2-2）。

第一阶段，创新利基涌现。创新利基一般处于现有社会技术系统的外围或边缘，创新主体的社会网络处于脆弱、不稳定状态，与现有中观层无关。这些创新利基在微观层进行试验和学习，其技术发展路径、功能和市场存在巨大的不确定性。宏观层即外部环境的变化，对现有社会技术系统的中观层产生压力，但这种压力并未对中观层产生显著影响，中观层的社会技术系统仍处于锁定状态，其中的要素（产业、政策、市场、科学、文化、技术等）仍然沿着当前的路径发展。宏观层和中观层的压力到达微观层，部分创新利基回应压力，当创新利基的影响达到规模临界点时，则会出现向上突破。

第二阶段，创新利基的形成和稳定。一方面，宏观层继续对中观层的社会技术系统施加压力，促使现有系统为创新利基打开介入的机会窗口；另一方面，创新利基逐步突破受保护的社会技术系统，打开一个或多个市场空间，为进入中观层提供了条件。此时，创新利基对社会技术系统的主体具备一定吸引力，创新利基显示出较为明确的发展路径，开始引导预期，改变现有社会技术系统的要素。在此阶段，中观层的社会技术系统的部分激进要素开始回应创新利基，涌现出一批新职业，形成新的知识体系，投资者参与意愿增强，消费者逐渐接纳创新。同时，创新利基积极争取政策支持。然而，此阶段创新利基的成本和收益仍然难以衡量，可能被部分群体反对，导致争议和僵局，或无法与现有社会技术系统相匹配，导致创新利基难以进一步发展和扩散。

第三阶段，创新扩散与突破。经过前期积累，创新利基利用机会窗口进入中观层，改造现有的社会技术系统内的各组成要素，破坏原有经济结构或产业结构，社会技术系统出现大规模调整。创新的扩散与突破取决于中观层内部驱动因素和宏观层压力的协同，内部驱动因素，包括创新与现有社会技术系统各要素的良性互动、性价比的提升、规模经济、互补性技术和行动主体的支持等。本阶段的主要表现是，在创新进入社会技术系统后，与现有社会技术系统产生多维度冲突，如，新兴技术与现有技术、新进入者与在位者、经济和制度政策调整、主体责任、文化和话语权的争夺等。需要认识到，进入该阶段并不保证必然改变现有的社会技术系统。

第四阶段，稳定并形成新的中观层。创新利基被广泛采纳，成功改变中观层的技术、市场、政策、产业和文化等，新的社会技术系统形成、稳定并制度化，对宏观层产生影响，实现系统转型。

在第一阶段和第二阶段，当各种实验室、孵化器的创新利基多点"开花"之后会出现技术选择，有的技术或者产品会被市场接受，而有的技术或产品因成本高、技术、发展战略等众多原因而被淘汰。最终会有一种或者几种技术或产品被社会技术系统（中观层）所接受。而在第四阶段的中观层，社会技术系统内各种要素将进入重新锁定（lock-in）状态，此时完成转型。没有进入中观层的技术或产品最终被淘汰，或需要重新解锁（lock-out）社会技术系统才能再次实现转型，但中观层一般比较稳定。

多层视角理论将复杂的社会技术系统转型抽象为宏观层、中观层、微观层三个层面的相互作用，具有强大的解释力，其与周期理论结合，从而更加细致地描述每个阶段的行为重点，指导主体行为。例如，在产业转型的时间周期内，第一阶段为孕育阶段，重点在于自觉和涌现，并非每一个创新利基都可以进入后面的阶段，自身的鲁棒性及对宏观层和中观层的压力回应是创新利基生存的前提；第二阶段为培育阶段，重点在于激发和培育，应促进创新利基挑战现有中观层的社会技术系统要素，提供足够的宏观压力和支持环境，该阶段是最具风险的阶段，只有反复试错、增大投入、激烈竞争、不断学习和调整，才能打开微观层向中观层发展的机会窗口；第三阶段为快速成长阶段，重点在于发展和替代，进入中观层后，对现有社会技术系统要素进行重塑，以支持创新利基的进一步发展，替代旧的社会技术系统；第四阶段为成熟阶段，重点在于稳定，新的中观层社会技术系统形成，进入新的发展路径，完成转型。

2.4　总结与述评

20 世纪 70 年代以来，人们对环境与可持续发展问题的认识、应对策略、理论依据及采取的应对行动在不断演变，从最初的末端治理到现在的可持续转型，理论在实践中不断发展。可持续转型是对可持续发展问题的系统性回应和根本性回应，发展路径的锁定导致不可持续结果的产生，转型成为必然。

多层视角转型理论是当前分析可持续转型的重要理论模型，强调转型发生在宏观层、中观层和微观层的动态相互作用中，然而，它在解释可持续转型时也存在一定问题。首先，有学者指出，MLP 缺乏对不同区域国家治理差异性和多样性的关注。例如，基于 MLP 框架的大部分研究文献都是以发达国家为研究对象，缺乏对不同发展阶段、不同规模创新利基、社会技术系统背景、重新配置能力等的关注（Hodson et al.，2017），如此，很容易形成一种乐观的假设，即可以在任何地方发生可持续转型。在研究中应关注转型发生的背景，这将有助于理解特定的治理体系、文化、制度、网络和资本存量等在转型中的作用，从而提供有用的和可借鉴的转型模式或转型经验，以帮助政策制定者进行决策。其次，可持续转型需要资源系统和能源系统的转型支持，与能源消耗有关的行业往往是成熟行业（如，交通、能源、建筑等），成熟行业中的技术创新并不频繁发生，因此，外部的转型力量可能会带动成熟行业转型，数字经济作为成熟行业可持续转型的外部力量，将带动新业态和新模式的创新利基，促进相关行业的可持续转型。最后，转型过程和转型结果很重要。行为主体的选择可能影响转型路径，多元主体体系与行动、演化和治理格局是紧密相关且互相作用的。因此，进一步的研究需要关注创新利基的方式和规模，关注可持续绩效，关注可持续转型中的价值共创、合作治理和协同演化过程，理解可持续转型中行为主体的作用。

第3章　数字经济与可持续转型的研究框架构建

3.1　理解数字经济

3.1.1　数字经济的概念和特征

1996 年，唐·塔斯考特（Don Tapscott）在其出版的书籍《数字经济》（*the Digital Economy*）中正式提出了"数字经济"的概念。随着数字技术广泛渗透到社会经济各个方面，数字经济的内涵不断发生变化，数字经济与传统经济的界限逐渐模糊。

在实践中，人们最初主要关注数字技术革新，之后，认识到数字技术的经济功能而进行各种商业模式创新，进一步发现，数字经济具有调整和改进社会经济主体的行为和关系的能力，可以对社会经济的组织原则与运行机制进行重塑（Bukht and Hlceks，2017）。支持分散化和去中心化的组织方式，平台是数字经济的重要组织方式，通过连接和协调平台上的各种资源创造价值，提供了虚拟集聚的空间。

数字技术是数字经济的核心，泛指各种先进数字技术，包括但不限于 5G、集成电路、软件、人工智能、大数据、云计算、区块链等，形成了多种技术整体演进、群体性突破的发展势头。数字技术属于通用目的技术[①]（General Purpose Technologies，GPTs），通过升级迭代和扩展应用，

[①]　布雷斯纳汉和特拉伊腾贝格（Bresnahan and Trajtenberg，1992）指出，通用目的技术具有普遍适用性、动态演进性和创新互补性的特征。

实现了传输速率的不断提升、通信形式的不断改进、应用场量的不断丰富，极大地推动了数字经济替代与改造传统经济的进程，疏通了从生产到数据、从数据到运营管理、再反馈到生产的过程；通过对农业、工业和服务业的广泛融合渗透，与其他技术共同发挥作用，改革生产活动，降低成本，提高效率；赋能各种业态创新，改进产业规模效应，对整体社会经济进行数字化改造（裴长洪等，2018；许宪春等，2021）。

经济合作与发展组织（OECD，2014）指出，狭义的数字经济指新一代信息技术与通信技术产业集群；广义的数字经济则泛指围绕新一代信息技术与通信技术展开的社会经济数字化转型。《G20数字经济发展与合作倡议》将数字经济定义为：以数字化的知识和信息作为关键生产要素、以现代信息网络作为重要载体、以信息通信技术的有效使用作为效率提升和经济结构优化的重要推动力的一系列经济活动。国际货币基金组织（IMF，2018）指出，数字经济是指使用数字技术和互联网进行生产活动和分配活动的经济活动。OECD（2020）指出，数字经济包括所有依赖数字技术、数字基础设施、数字服务和数字要素等投入，或使用数字投入获得显著增强的经济活动。根据国家统计局在《数字经济及其核心产业统计分类（2021）》中的定义，数字经济是以数据资源作为关键生产要素、以现代信息网络作为重要载体、以信息通信技术的有效使用作为效率提升和经济结构优化的重要推动力的一系列经济活动。

部分学者和机构认为，数字经济是新型经济形态，是社会经济数字化改造或数字化转型的结果。易宪容等（2019）指出，数字经济是以大数据、人工智能、云计算为代表的新一代数字技术革新催生出的一种新的经济形态，是继农业经济和工业经济之后，人类历史上的第三种社会经济形态。以现代信息网络为重要载体，通过数字技术与实体经济深度融合，能不断提高社会经济的数字化水平、网络化水平、智能化水平，重构经济发展模式、组织模式与治理模式。

根据以上分析和定义，本书认为，数字经济与传统经济相比，区别主要体现在数字技术、数据要素、信息网络和新型经济关系方面，因此，数字经济是基于数据要素、信息网络和数字技术，通过对各要素和主体的赋能所产生的一系列社会经济活动。数字经济具有数字化特征、网络化特征、智能化特征和赋能化特征。第一，数字化特征体现在数据生产要素上。数字经济丰富了生产资料的供给，在生产过程和流通过程中，数据产生并被获取，通过对数据进行有效的处理和分析，可以产生新的价值和资产。数据的流转和交换打破了传统的价值生产机制，从而可能创造更大的价值。第二，网络化特征体现在连接上。数字经济以极低的成本和极高的效率，打通了生产和消费的行为场景，打破了空间障碍，实现了互联互通和分布式的网络化结构。网络化特征形成了网络外部性、规模效应和范围经济，数据在网络上的产生和传播效果呈指数式增加。第三，智能化特征体现在大数据、人工智能等数字技术在生产生活中的应用。收集大量数据后，通过人工智能的分析、判断和预测，降低了人工成本和错误率，产生了新的关系、新的认知和新的价值。例如，智能化生产和智能化管理降低了生产成本，智能化精准营销降低了交易成本。第四，赋能化特征体现在数字技术与传统实体经济、主体关系的创新融合上。数字经济促进了新模式、新业态和新关系的出现，如个体新经济、无人经济、分享经济等，丰富了社会经济主体的行为和关系。

3.1.2　数字经济的构成

数字经济的构成，见图 3 - 1。在产业构成上，数字经济可分为数字产业化和产业数字化两部分。数字产业化是数字经济的生产核心，包括电子信息制造业、电信业、软件和信息技术服务业、互联网行业等，以及完全依赖数字技术、数字要素的各类经济活动，为数字经济的发展提供基础设施、技术、产品、技术解决方案和技术服务。《数字经济及其核心产业统计分类（2021）》指出，数字产业化涉及的产业，包括数字产品制造业、数字产品服务业、数字技术应用业、数字要素驱动业。数字产业化所包含的经济活动属于窄口径统计的数字经济，或是数字经济的核心经济活动（许宪春和张美慧，2022）。具体分为两类：根据 OECD（2020）的定义，第一类窄口径数字经济是指，ICT 货物和服务、数字内容生产。在联合国《全部经济活动的国际标准产业分类》（ISIC/rev. 4）中，主要包括 ICT 制造业、ICT 服务业和 ICT 贸易业。基本上，第一类窄口径数字经济的产业划分和增加值，可根据现有的统计数据进行核算；

第二类窄口径数字经济伴随着数字技术、基础设施、数字服务等的快速发展，在第一类窄口径数字经济的基础上，加上以平台经济为主的数字经济的新商业形态和新商业模式，如，以亚马逊、淘宝、京东为代表的电子商务平台，以谷歌、百度为代表的搜索引擎平台，以微信、微博等为代表的网络通信平台、以美团、滴滴等为代表的分享经济平台。

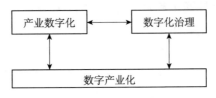

图 3 – 1　数字经济的构成

资料来源：笔者根据数字经济概念运用 Office 365 软件绘制而得。

　　产业数字化是数字经济的应用核心，是《数字经济及其核心产业统计分类（2021）》中的数字化效率提升产业。农业、工业、服务业等传统产业利用各种数字技术和数字设备进行数字化，提高生产数量和生产效率。例如，数字技术支持制造业在生产过程中产生数据，基于数据优化生产过程，以达到提高效率和产值的目的。而且，这些数据并非仅可在企业内部利用，还可以在进行数据脱敏①后，进入大数据市场，帮助整体经济更有效地运作。通过数字化与实体经济的不断融合，出现了包括但不限于工业互联网、两化融合、智能制造、数字化农业等融合型的新产业、新业态、新模式。传统产业通过数字投入效率得到显著增强的部分经济产出，加上数字经济核心产业的经济产出，构成了宽口径统计下的数字经济总产出。

　　数字化治理是数字经济中的稳定核心，通过运用数字技术构建并理顺主体关系，建立健全行政管理的制度体系，创新服务监管方式，线上公共服务、线下公共服务融合发展，以提高社会经济系统的绩效。从2010 年起，人工智能、区块链、云计算、大数据等数字技术被广泛应用于智慧城市、公共事务管理、智慧社区等社会治理领域。2012 年，中国

---

　　①　数据脱敏是指，通过脱敏规则对某些敏感信息进行数据变形，实现对敏感隐私数据的可靠保护。

设立首批智慧城市试点，2014 年，设立信息惠民国家试点，这些政策措施加速了社会治理的数字化进程。数字化治理涉及多主体参与、数字技术＋治理、数字化公共服务、综合型数据平台等，催生出新型治理模式、新型服务模式，促进公共服务均等化、公共服务普惠化、公共服务便捷化，提升国家治理现代化水平。随着数字经济的不断融合发展和地位的日渐重要，近年来中国支持数字经济发展的部分政策，见表 3 - 1。

表 3 - 1　　　　　　近年来中国支持数字经济发展的部分政策

时间	文件	主要内容或任务
2015 年 7 月	《国务院关于积极推进"互联网＋"行动的指导意见》	依托并利用互联网信息技术和互联网信息平台，实现互联网与各个传统产业相融合，促进经济转型升级
2020 年 4 月	《关于构建更加完善的要素市场化配置体制机制的意见》	加快培育数据要素市场
2021 年 5 月	《全国一体化大数据中心协同创新体系算力枢纽实施方案》	实施"东数西算"工程，建设全国一体化算力网络国家枢纽节点，发展数据中心集群
2021 年 5 月	《数字经济及其核心产业统计分类（2021）》	界定数字经济及其核心产业统计范围，便于统计数字经济的规模、发展速度和构成
2021 年 9 月	《中华人民共和国数据安全法》	为了规范数据处理活动，保障数据安全，促进数据开发利用，保护个人、组织的合法权益，维护国家主权、国家安全和发展利益
2021 年 12 月	《"十四五"数字经济发展规划》	到 2025 年，数字经济核心产业增加值占国内生产总值比重达到 10%，数据要素市场体系初步建立，产业数字化转型迈上新台阶，数字产业化水平显著提升，数字化公共服务更加普惠均等，数字经济治理体系更加完善
2022 年 6 月	《关于构建数据基础制度更好发挥数据要素作用的意见》	维护国家数据安全，保护个人信息和商业秘密，促进数据高效流通使用、赋能实体经济，统筹推进数据产权、流通交易、收益分配、安全治理，加快构建数据基础制度体系

资料来源：笔者根据中国政府网发布的政策文件整理而得。

3.1.3　数字经济的影响

1912 年，美国经济学家约瑟夫·阿洛斯·熊彼特（Joseph Alois Schumpeter）在《经济发展理论》（*The Theory of Economic Development*）中

提出，创新是一种创造性破坏的过程，通过建立新的生产函数，企业家把生产要素和生产条件的新组合引入生产体系，实现更具竞争力的经济产出。数字技术作为一系列相互关联的通用目的技术，与社会经济活动相结合，产生了大量颠覆式创新，包括产品创新、技术创新、市场创新、资源配置创新、组织创新等，通过不断创新，市场均衡被不断打破，从而影响社会经济系统。结合对既有文献的分析，数字经济的影响主要体现在以下三个方面。

（1）要素替代作用和要素互补作用。数字技术对社会经济的数字化改造，使数据成为关键生产要素（王静田和付晓东，2020），与其他生产要素产生替代作用和互补作用。既有研究认为，数字技术和人类劳动互补，可以将经济增长率提升一个数量级甚至多个数量级，同时，会对中低端劳动产生替代作用（Acemoglu and Restrepo，2020；柏培文和张云，2021），从而替代弹性较小的高技术劳动者，获得更高工资（Habibi and Zabardast，2020）。

（2）效率提升作用。数字技术及其应用影响全要素生产率（Triplett，1999；Cardona et al.，2013），可以促进经济增长（Choi and Yi，2009），缓解要素错配（王宏鸣等，2022），放松资源禀赋约束（王林辉等，2022），促进经济高质量发展（邱子迅和周亚虹，2021）。

（3）主体赋能作用。数字技术可以撬动传统权力嵌入困难和主体参与不足的双重困境（袁进业和陈文，2022），为政府提供新的治理方式（黄先海和宋学印，2021），以实现合作治理（Ma et al.，2018）。杨嵘均和操远芃（2021）运用脱域式赋能的分析框架，认为数字经济可以超越现有场域之外进行个体赋能、产业赋能和治理赋能。

3.2　可持续性科学的方法论

为研究数字经济赋能可持续转型的问题，需要合适的方法论进行解构。可持续性科学的"对象－主体－过程"分析模型，综合了可持续研究对象、可持续研究主体和可持续研究过程，形成了可持续研究的方法论（诸大建，2016）。

3.2.1 可持续性科学的对象研究

可持续性科学的对象是可持续发展目标，即研究可持续发展为了什么，通常用可持续绩效衡量。可持续发展涉及经济系统、社会系统和环境系统，但对三者之间的关系有不同的理论解释。第一种理论解释是，三者在可持续发展模型中是并列的，可以用人工资本抵销自然资本的减少，即使自然资本消耗超过了生态门槛，三者相加后的综合资本增长就是可持续增长；第二种理论解释是，自然资本具有不可或缺性和独立性，从一开始就要抑制发展所需的物质资本建设和物质资本积累。然而，很多时候经济增长都是以自然资本减少为代价的，这种理论解释否定经济增长带来的福利提升，如此，经济将处于低水平阶段；第三种理论解释是，三者具有依次包容的关系，经济系统在环境系统之内，强可持续发展是其中的关键自然资本并非完全不减少，而是不能超过不可恢复的生态门槛，不会导致不可逆转的减少。

根据以上三种理论解释，可以构建不同的可持续绩效指标。基于第一种理论解释，将经济绩效指标、社会绩效指标和环境绩效指标进行简单相加，可形成综合指标，表示经济发展可以替代社会、环境方面的退化。第二种理论解释因为否定经济增长，所以，没有被广泛接受的相关指标。基于第二种理论解释、第三种理论解释构建的生态福利绩效指标，要求在地球生态承载力范围内，用尽可能少的生态足迹或自然消耗，获得尽可能高的福利提升。第三种理论解释可进一步引申为，自然资本的消耗需要受到限制，进而思考经济发展的规模、效率、公平等问题。具体是指，在规模问题上，可持续性科学主张物质规模是有极限的，好的发展应该是在物质规模一定的情况下社会福利的持续增加；在效率问题上，主要是指提升自然资源的利用效率；在公平问题上，在物质规模一定的情况下，物质分布从占有过多的地方流向占用不足的地方，以提升社会总福利水平。

3.2.2 可持续性科学的主体研究

社会中的组织形式,见图 3 – 2。可持续性科学的主体,包括政府、市场、社会以及介于它们之间的混合型组织。在理论上,政府、市场、社会可以相互独立,各自发挥其在社会经济系统中的作用。在实践中,政府、市场、社会相互合作,形成公私合作、政社合作或者企社合作,对社会经济系统进行合作治理。在合作治理中会出现混合型组织,例如,政府和市场主体界面下的公私合作伙伴关系,政府和社会主体界面下的医院、大学等服务机构,市场和社会主体界面下的合作制组织。此外,职能作用相互融合,如政府提供企业生产所用的基础设施、政府提供社会生产所需的城市社会服务、企业提供有益于全社会的科技创新等。可持续发展涉及经济、社会和环境三方面,需要协同发挥政府的行政治理机制、企业的市场机制、非政府组织的社会机制。因此,混合型组织的发展和壮大,表示合作治理能力的提升。可持续性科学的主体研究,着重关注培育和发展政府、市场、社会主体界面上的混合型组织及各主体间的合作治理能力。

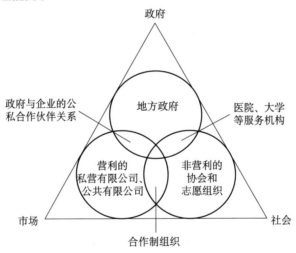

图 3 – 2 社会中的组织形式

资料来源:笔者根据诸大建等:《可持续发展与治理研究》的内容(同济大学出版社,2015)应用 Office 365 软件绘制而得。

　　治理与可持续发展相互依存，可以从发展的绩效判断治理的绩效。可持续发展对治理主体的理想要求，是共同目标下的多元行动，目标是共同的，主体是多元的。在机制上，自上而下机制和自下而上机制均不利于或者不足以有效地推动可持续发展。一般而言，目标是自上而下的，主要来自政府体制性的力量；行动是自下而上的，主要来自企业和社会的非体制性力量，需要将两种力量相整合。将政府参与度、企业参与度、社会参与度的高低分四类进行说明。一是政府参与度高同时企业参与度高、社会参与度高，可形成高效、可持续发展的动态治理政策或动态治理路径；二是政府参与度高同时企业参与度低、社会参与度低，可形成中效、可持续发展的积极治理政策或路径；三是政府参与度低加上企业参与度高、社会参与度高，可形成低效、可持续发展的动态治理政策或动态治理路径；四是政府参与度低同时企业参与度低、社会参与度低，可形成无效、可持续发展的动态治理政策或动态治理路径。

　　欧洲的社团主义治理模式（或莱茵模式），强调了政府、企业、社会的平衡发展，表现为高且平衡的可持续绩效。美国的自由主义治理模式，强调了企业部门在发展中的地位，因此，在经济增长上有突出表现，但在利益相关者合作和可持续绩效方面比欧洲差。

3.2.3　可持续性科学的过程研究

　　压力—状态—反应模型（Pressure-State-Response，PSR）是系统研究环境状态、自然资源或生态可持续发展的分析工具。人类活动给自然资源带来的压力（pressure，P），导致的变化或者环境条件（state，S），引发对压力和环境状况的反应（response，R）。除此之外，压力—状态—反应模型还包括驱动力—状态—反应模型（Driver-State-Response，DSR）和驱动力—压力—状态—影响—反应模型（Driver-Pressure-State-Influence-Response，DPSIR）两个变形，这三个模型具有相似的构建逻辑，可根据需要进行选择。具体而言，DPSIR 作为比 PSR 更加详细的分析框架，多了驱动力和影响两个组件，曾被欧洲环境署（European Environment Agency，EEA）作为构建社会与环境交互影响的结构信息交流工具使用。DPSIR 建立在系统内的各部分组件之间存在因果关系的基础上：驱动力导致压力发生，改变状态，从而引发在社会或环境中的影响，导致发生反应。

诸大建（2016）将PSR模型作为可持续性科学2.0版的动态过程分析方法，用来分析可持续发展和绩效不断改进的过程，解释可持续发展中"来源是什么，压力是什么，现在的状况是什么，出现了什么样的影响以及我们将如何应对"等问题，从而给出系统性诊断和系统性分析。在反应分析中，对策包括针对状态的应急性对策（S-R）和针对原因或压力的根本性对策（P-R）；从可持续发展角度来看，研究问题和解决问题要强调标本兼治对策（P-S-R）和全过程思考。S-R和P-R这两个对策相互影响并存在实现顺序：首先，要有应急性对策，应急性对策有缓解显性矛盾的作用；其次，应急性对策只能暂时解决显性问题，必须寻找根本性原因或压力的解决对策，以从根本上解决问题。需要注意的是，应急性对策在面对某些创新利基引发的可持续发展问题时所采用的应对策略，可能会导致负面效果，而且，不一定会触及问题的根本性原因。例如，在共享单车进入城市时，解决了短距离交通问题，但也引发了乱停车的问题，如果城市相关部门针对停车问题，禁止共享单车模式创新，属于应急性对策，即改变了当前状态，但没有解决根本性的交通问题。强调标本兼治的对策需要利益相关者合作对话，抓住根本问题，进行前后往复的、动态的、迭代的过程，以达到更好的可持续绩效结果。

PSR及其变形模型逻辑简单，需要根据特定情景进行定义和批判性应用，这增加了其灵活性。DSR建立了一种方法论，帮助人们对复杂的问题进行系统过程分析，非常适合将可持续转型的动态关系放入该过程分析框架中。

3.2.4 可持续性科学的整合应用

可持续性科学将对象、主体和过程进行整合研究。可持续性科学评价模型，见表3-2。首先，对象整合，强可持续理论要求将经济、环境、社会进行整合，经济增长是连接福利水平和自然消耗的桥梁，自然消耗是福利水平提升的源泉，其中，自然资本是第一位的，社会初始分配是第二位的，经济的效率配置是第三位的（Daly，1997）。其次，主体整合，打破政府导向治理机制和市场导向治理机制的对立，将社会组织引入公地问题（Ostrom，1990），进行政府与政府、政府与企业、政府与社会、企业与社会的合作治理和多中心治理。再次，过程整合，整合现象研究和理论研究。现象研究偏重于问题描述，就事论事解决可持续发展问题，在短期内能抑制问题的恶化，但对于长期预防没有意义。理论研究偏重于原因分析，提供的是理想状态下的治理建议。因此，问题描述和原因分析的结合是必要的，分别针对现有系统和目标系统，提出适应性、建设性的建议。最后，多维整合，是对象、主体、过程中的两个维度或三个维度的整合。例如，将对象维度和主体维度进行整合，就可以发现可持续发展中经济系统、环境系统、社会系统间的利益差异和利益冲突，实际上是不同利益相关者的差异和冲突，因此，可持续发展管理是对利益相关者进行管理，实现共同愿景的过程。将对象和过程维度进行整合，环境问题体现出来的状态，实际上是社会经济发展模式的差异，因此，不仅要进行末端治理，而且要对发展模式进行变革。

表 3 - 2　　　　　　　　　　　可持续性科学评价模型

过程		可持续对象/目标			参与主体
		经济可持续	环境可持续	社会可持续	
P					
S					
R	SR				
	PR				

资料来源：笔者根据可持续性科学理论整理绘制而得。

3.3　数字经济与可持续转型的关系

数字经济具有多样性和复杂性，在中国的高质量发展目标下，需要明确其发展方向是构建更高的可持续绩效的新型经济形态。基于可持续性科学分析框架，本节着重厘清数字经济与可持续转型的关系，把理论性的机制解释和应用性的解决方案相整合，一方面，解释了为什么的问题，说明数字经济为什么对可持续转型有影响；另一方面，进行了行为主体关系和过程分析，说明数字经济如何对可持续转型有影响，通过哪些方面体现其影响。

3.3.1　数字经济与可持续绩效

数字经济是当前社会经济的发展方向，它在实现可持续发展方面的作用是被高度期待的（Ospina and Heeks，2010）。然而，当数字技术及相关创新被引入社会经济时，很难判断其对可持续发展问题产生的正面作用和负面作用孰强孰弱。有的文献认为，数字基础设施和电子设备的大规模使用会提高未来的碳足迹（Belkhir and Elmeligi，2018），可能导致碳排放的回弹效应[①]和大量的隐含碳排放（Zhou et al.，2019），也有文献发现，数字技术创新与碳排放之间的长期关系不显著（Salahuddin et al.，2016），或者存在倒"U"型关系（Higón et al.，2017）。学者们对中国的相关研究结果偏向于数字技术的应用促进绿色发展，实证研究发现，数字经济提高了政府低碳政策的实施效果（Zhang et al.，2022），数字技术的应用和新型基础设施建设提高了碳排放效率（Wang et al.，2021），数字经济通过技术效应、配置效应和结构效应降低了城市环境污染、促进了绿色技术创新、提高了区域绿色绩效（石大千等，2018）。许宪春等（2019）指出，大数据的迅速发展给中国绿色发展提供了一种重要途径。

数字经济赋能可持续转型涉及社会经济体系的方方面面。交通系统作为温室气体排放的重要来源，与车辆、能源供给基础设施、用户偏好、文化、钢铁制造等相关产业和制度安排相关，若要改变传统交通系统的温室气体排放和污染问题，需要改变相关的一切。数字技术在能源互联网和智慧城市上有广泛的应用，如，智能电网、数字交通系统等（Bastida et al.，2019）。莫耶和休斯（Moyer and Hughes，2012）模拟了 ICT 对生产率、能源强度和可再生能源成本的综合影响，认为数字经济可以带来温室气体排放量的总体下降。

数字经济的新产业、新业态和新模式不断涌现，引起企业的生产经

---

① 回弹效应又称杰文斯悖论，指技术改进提高了对资源的利用率，减少污染排放，但消费数量的增加却加剧了自然资源的消耗，使污染排放更多。

营方式、政府的治理方式和居民的生活方式发生重大变化（许宪春等，2021）。数字经济对不同主体（区域、人群、企业等）的影响具有两面性：一方面，数字技术可以有效地实现信息可达性，降低信息成本，缓解信息不对称。例如，数字普惠金融缩小了低收入群体的信息约束和信贷约束，促使经营范围扩大和规模经济缩小，提供更多且公平的创业机会；另一方面，数字技术的使用需要相关知识，加上大量的信息，相对落后的区域、低教育人群和传统企业应用数字技术和识别信息的能力较差，而有相关知识积累或有先发优势的主体更有能力，由此产生更大差距，甚至出现"赢家通吃"现象，造成数字经济下不同主体发展不均等的现象愈加严重。数字鸿沟（digital divide）是指，在数字化进程中，不同主体间对数字技术拥有程度、应用程度以及创新能力的差别。

数字经济与联合国可持续发展目标，见表 3－3。需要认识到，数字经济发展之初并不是专门为可持续转型设计的，因此，数字经济中的各种实践并不一定支持可持续发展和可持续转型。然而，数字经济具有实现可持续转型的能力，它对社会经济各方面的改造是深入的，可以为多个系统的协同转型提供支持，这需要加强转型机会识别、转型机会评估，改进过程中数字技术、清洁技术和其他技术的协同作用，进行转型治理和转型引导。

表 3－3　　　　　　　　**数字经济与联合国可持续发展目标**

分类	目标	数字技术作用举例
经济领域和社会领域变革的目标	清洁饮水与卫生设施；廉价能源和清洁能源；体面工作和经济增长；工业、创新和基础设施；可持续城市和可持续社区；负责任的消费和生产	智能仪表等数字技术在集中式化石能源系统向分布式可再生能源系统转型过程中的作用与应用；大数据和人工智能等数字技术的大规模使用导致能源消费的回弹效应
方向性相关的可持续发展目标	消除贫困；消除饥饿；良好健康与福祉；缩小差距；优质教育；性别平等；气候行动；水下生物；陆地生物	数字技术提供了便宜可达的网络连接；"数字鸿沟"的形成
涉及治理条件的可持续发展目标	和平、正义与强大的机构；促进目标实现的伙伴关系	数字化转型指导社会准则和行为方式，改变转型过程中的治理结构

资料来源：笔者整理而得。

3.3.2 数字经济与可持续转型主体

根据可持续性科学的主体模型，数字经济中主体关系和治理模式的动态演进过程，见图 3 - 3。政府、市场、社会主体关系之间，存在自由放任式、政府干预式、主体交互式的治理模式。数字经济在发展中不断涌现出新业态和新模式，因此，在同一时间内可能存在以下三种治理模式。

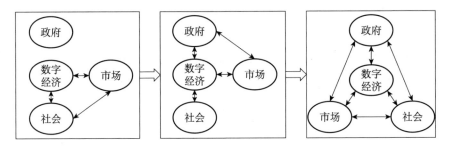

图 3 - 3　数字经济中主体关系和治理模式的动态演进过程

资料来源：笔者根据 Ma Y. , Lan J. , Thornton T. , et al. Challenges of Collaborative Govern-ance in the Sharing Economy：The Case of Free Floating Bike Sharing in Shanghai ［J］. Journal of Cleaner Production, 2018, 197：363. 整理绘制而得。

（1）自由放任模式。在此模式下，政府、社会、市场相互独立，各行其是，没有太多横向交往。数字技术的应用和社会需求的支持，使市场内出现了数量众多、规模较小的数字经济初创企业（start-ups）。此时，数字经济被社会和市场共同创造，各种社交平台、购物平台和门户网站等的出现使人们开始接触各种数字应用。在此模式下，政府几乎没有参与，数字经济处于初期自由发展阶段。20 世纪 90 年代中期，全世界陆续开启了一场前所未有的数字化转型，造就了 2000 年的互联网泡沫。数字经济的创新实践较多，几乎每次创新都会出现无序发展的自由放任模式（Ma et al. , 2018）。之后，这些实践或被市场淘汰，或改变主体关系进入其他模式。

（2）政府干预模式。在此模式下，政府干预市场，指导和规制数字经济的发展方向，社会主体往往被排除在外。一般而言，在数字经济创新实践的发展影响现有利益相关者时，社会主体会要求政府对其进行干预。例如，许多国家（地区）的政府制定了多种政策，以此规制交通类分享经济的发展。如果社会特别需要某种数字经济的创新实践，会要求主体参与治理，使得治理模式进一步优化。

（3）主体交互模式。在此模式下，政府主体、市场主体、社会主体相互作用，产生了新型组织活动，包括政府与市场间的风险投资、政府与社会间的政策咨询、社会与市场间的创新培育与转化等，还会出现三者联动的情况。数字经济赋能政府主体、市场主体、社会主体，产生混合型职能主体和新关系，例如，数字经济中市场和社会互动产生的大规模生产型消费者。主体在交互时，应具有共同的愿景或目标，才能有利于产生自上而下和自下而上的有效交互。

3.3.3　数字经济与可持续转型过程

可持续性科学关注"资源—生产—产品—效用"的关系，在保证效用稳定增长的情况下，保持资源消耗不变或降低资源消耗，达到效用与物质、物质和资源消耗之间的双脱钩发展。根据生态经济学理论，将资源绩效的概念表示为：

$$资源绩效 = \underset{(1)}{\frac{物质产出}{资源消耗}} \times \underset{(2)}{\frac{使用时间}{物质产出}} \times \underset{(3)}{\frac{服务供给}{使用时间}} \times \underset{(4)}{\frac{需求满足}{服务供给}}$$

$$生产效率\quad 维护效率\quad 服务效率\quad 服务效果$$

资源绩效 = 生产效率 × 维护效率 × 服务效率 × 服务效果。比率（1）是生产效率，分子为物质产出，分母为资源消耗，该比率要求尊重地球资源边界和后代的权利，通过减少资源开采数量和资源使用数量达到相同的生态系统服务水平，也称为技术效率，从给定的资源投入中获得最大数量的产品产出，这是在生产阶段所追求的；比率（2）是维护效率，分子为使用时间，分母为物质产出，体现了单位物质产出的耐用度和可维护程度，是对物质进行维护的能力；比率（3）是服务效率，分子为服务供给，分母为使用时间，体现了在使用时间内可以提供的服务数量，是对服务进行管理的能力；比率（4）是服务效果，分子为需求满足，包括需求效用满足的质量和数量，分母为服务供给，体现了单位服务供给对需求效用最终得到满足的程度。

仅仅依赖于提高生产环节资源生产率的策略，并不能从根本上解决增加消费和过度消费所导致的环境问题，这让我们重新审视解决现有可持续发展问题的方法，重视消费水平和消费方式的转型升级。但是，在可持续消费与生产方面，具体实践的效果并不显著，最终的落脚点在于满足个体需求和生产环节的绿色化，忽视市场需求增加产生或可能产生的回弹效应。实际上，实现消费水平改变和消费模式的转型升级，并不仅是绿色生产和绿色消费所决定的，还需要相应的生产环节、社会环境、商业模式及政府方面的政策协同发展。

数字经济可以相对全面地覆盖"资源—生产—产品—效用"的各个环节，改变主体行为，支持多种可持续发展治理策略，包括末端治理、循环经济、可持续消费与可持续生产、可持续转型等。数字经济并不支持由个体主导的可持续转型模式，而支持由个体和社会技术系统共同作用的合作型转型模式。数字经济加强了社会技术系统中微观层、中观层和宏观层之间的互动，通过行为主体之间的积极对话，调整和改进社会经济的各种关系，从而实现更有效、更彻底的可持续转型（Grabs et al.，2016）。

3.4　数字经济赋能可持续转型的研究逻辑与研究假设

根据 MLP 可持续转型理论和可持续性科学分析框架，构建基于 DPSIR 的数字经济赋能可持续转型的分析框架，见图 3 - 4。宏观层（landscape level）的可持续转型需求产生了自上而下转型的驱动力，包括在经济、环境、社会不同维度的发展要求。数字技术支持数字经济的崛起，提供了大量创新利基，是自下而上的驱动力。可持续转型需求和各种创新利基相结合，共同作用于现有社会技术系统。因此，更高的可持续绩效，是数字经济赋能可持续转型的重要驱动力。中国经济经历了多年高速发展，自"十一五"规划以来，低碳发展和社会福利发展已成为中国的发展目标，与此同时，中国各区域均承担着人口转移和社会、经济、环境发展的压力，也正在进行着可持续发展道路的探索。数字经济的出现恰逢其时，一方面，数字经济为可持续转型提供创新利基；另一方面，数字经济为传统行业和基础设施的可持续转型提供技术支撑，为扩大规模改变现有社会技术系统打开机会空间，为经济系统、环境系统和社会系统的可持续发展问题提供了解决路径（Lan et al.，2017）。

图 3 – 4　基于 DPSIR 的数字经济赋能可持续转型的分析框架

资料来源：笔者应用 Office 软件整理绘制而得。

从 3.3.1 小节的分析可知，数字经济存在提升可持续绩效的潜力，与区域发展目标一致，区域将有动力培育和发展数字经济。而具体的数字经济应用和商业会在驱动力大的地方扩大规模，对现有的社会技术系统形成压力（压力分析），促进对中观层的现有社会技术系统进行数字改造（状态分析）。进而，需要对数字经济的可持续绩效、过程和主体关系进行评估（影响分析），特别是对比数字经济对区域经济、环境和社会绩效的影响，以及对重点行业和城市合作治理情况的影响。通过影响分析发现数字经济在可持续转型中的作用，由此提出数字经济赋能可持续转型的评价和建议（反应分析）。图 3 – 4 将相对琐碎的、分割的内容连接起来，有利于系统化地评价数字经济赋能可持续转型的绩效和过程。综上所述，数字经济影响可持续转型的绩效和过程研究可以分解为两个子问题，一个问题是数字经济发展与可持续发展方向是否一致；另一个问题是如何达成一致。也就是说，从宏观上看，数字经济具有改变社会经济系统的能力；从微观上看，数字经济具有改造主体行为和主体关系的能力。

在研究假设上，首先，考虑区域视角下数字经济对经济绩效、环境绩效和社会绩效的影响。三重底线的概念由埃尔金顿（Elkington，2004）提出，包含评价可持续绩效的三个基本要素：经济绩效、环境绩效和社会绩效，最初用于评估和衡量企业可持续发展能力，后来，也用于评估和衡量区域可持续发展能力（Ma et al., 2018）。三重底线概念的组成部分可以分开讨论，也可以综合分析。数字经济影响可持续转型的作用通过三重底线的绩效显示，或者说，通过经济绩效、环境绩效和社会绩效显示。虽然有其他表示可持续绩效的综合指标，但是，数字经济在影响经济绩效、环境绩效和社会绩效方面的作用机制存在差异，因此，本书在研究数字经济对可持续绩效的影响时，采取分别讨论的方式。具体来看，在经济绩效方面，数字经济对经济产出作出贡献，影响经济增长和全要素生产率；在环境绩效方面，数字经济在要素配置、结构升级、创新作用和环境治理方面影响环境绩效；在社会绩效方面，数字经济通过市场一体化和去中心化效应，对社会福利提升和社会差距的缩小产生正面作用。

考虑数字经济对可持续转型主体及其关系的影响过程。面对可持续转型，现有社会技术系统中的基础设施、政策法规、社会偏好、产业等方面有较强的路径依赖，主体行为和主体关系较为固定，需要外生冲击进入社会技术系统转型过程激励主体改变行为和关系。数字经济为可持续转型培育并提供创新利基，促进传统行业数字化改造，为可持续消费与可持续生产提供新业态、新模式，为多主体参与转型过程提供机会，其核心在于主体间的价值共创、共同演化和合作治理。

由此，本书提出以下两点研究假设：

H3 - 1：数字经济通过提升经济绩效、环境绩效和社会绩效，影响可持续绩效。

H3 - 2：数字经济通过改变主体行为和主体关系，影响可持续转型过程。

3.5 本章小结

本章旨在构建数字经济支持可持续转型的理论框架，首先，说明对数字经济的概念、构成和作用的理解；其次，说明可持续性科学分析方法；最后，结合可持续转型理论，构建和提供数字经济影响可持续转型的分析框架和研究假设。

第4章 数字经济对经济绩效的影响研究

经济绩效是对经济发展、资源分配及资源利用的效率评价，通常用经济增长、产出水平、全要素生产率等指标衡量。为了研究数字经济对可持续转型经济绩效的影响，本章先分析了数字经济影响经济绩效的宏观逻辑、中观逻辑和微观逻辑，继而计算数字经济核心产业资本存量（即 ICT 资本存量）对经济产出的贡献，最后，检验了 ICT 资本存量对经济增长和全要素生产率的影响。

4.1 数字经济对经济绩效的影响逻辑

4.1.1 数字经济影响经济绩效的宏观逻辑

在数字经济时代，数字技术与传统产业融合，将数据纳入生产要素，促进了经济增长理论的演进和价值创造基础的变革。数字经济通过缓解要素市场扭曲、放松要素资源约束、降低生产要素的流通成本、提升产品市场化以改善资源配置效率，实现了资源整合，有效地避免了不必要的资源浪费，从而促进经济绩效提高（Cohen and Muñoz，2016；李金林等，2021）。

西方经济学的宏观经济增长理论，构建了工业经济时代劳动、资本、自然资源、技术进步和经济产出的关系，而数字经济重构了生产要素的供给体系，数据被视为新的生产要素提升了经济增长的可持续性。数据是海量的、可复制的、可共享、可反复使用的，数据要素与传统生产要素相比，突破了稀缺性和排他性的限制。数据的产品和服务通常面临较高的初始投入，随着生产规模的扩大，生产的边际成本趋于零，强化了规模报酬递增的性质。此外，数据要素能影响技术进步，提升劳动、资本、技术、管理的质量，影响增强型技术进步，数据要素和传统生产要素的融合，改变投入要素的关系，影响偏向性技术进步。索洛悖论最早指出数字经济对经济增长的贡献率不高，但之后的研究认为，索洛悖论主要是因数字核心产业发展之初在经济中的占比不够、配套不足（基础设施、人才等）提出的，在进一步融合深化的过程中，数字技术对全要素生产率的贡献会逐渐显现，会促进全要素生产率提升。

数字经济促进价值创造转型，提升经济增长潜力。工业化不同阶段的结构转型提供的经验事实表明，在工业化中前期，产业结构会从农业主导向工业主导转型；在工业化中后期，产业结构会从工业主导向服务业主导转型。在前一个转型中，工业劳动生产率大大超过农业劳动生产率，因此，会出现整体经济劳动生产率的提升。而在后一个转型过程中，因为服务业劳动生产率相对较低，所以，就会出现"鲍莫尔成本病"，经济增长会减速。数字经济拓宽价值创造的核心生产概念，通过需求发现和商业模式创新使服务创造更高的附加值，相比工业经济中标准化生产创造的价值，数字经济会推动更多非标准化服务实现其价值。

4.1.2 数字经济影响经济绩效的中观逻辑

产业是生产同类产品和服务或有密切替代关系的产品和服务的企业集合。数字技术凭借其开放、协作、共享、联结等特征，提供了新的生产应用工具，促进新产业、新业态、新模式的出现和发展，为传统产业提供转型升级路径。数字技术与产业结合产生产业创新效应、产业协同效应和产业融合效应，影响产业组织和产业集聚，进而影响经济绩效。

数字经济促进产业优化升级，提升经济绩效。数字经济对产业领域的结构优化效应，主要归结于技术渗透与产业融合。随着数字经济的发展，数字技术打破了传统产业的边界，数字产业化和产业数字化共同作用，通过重组生产要素和重构生产环节，改变传统产业的生产方式，促进供应链、价值链优化，倒逼落后产业、高污染产业升级，提升产业组织运行效率，实现价值创造。发展、推广和应用人工智能、区块链、云计算和大数据等数字技术，可以推动传统产业转型升级，促进产业向数字化、网络化、智能化转变，产业出现跨界经营，引发生产力和生产关系的创新。

数字经济影响产业的空间组织方式，提升经济绩效。产业多以空间关系为联系纽带，产生了产业集聚，在集聚地可以共享知识网络、低成本资源，实现规模经济。数字技术降低通信成本，提供产业虚拟集聚的可能，减轻区域地理条件和人文环境的局限，加强产业协同效应，催生产业组织的网络化发展（王如玉等，2018）。

4.1.3　数字经济影响经济绩效的微观逻辑

数字经济将微观主体和资源以前所未有的方式组合在一起，具有网络外部性、长尾效应、规模经济和范围经济[①]等特征，需求可以被精准识别和精准满足，促使主体行为发生改变，提供多种盈利机会。平台是数字经济中的重要微观组织方式，提供了资源虚拟集聚的空间，通过连接和协调平台上的各种资源可以创造价值。平台可组织的资源，包括数据、生产者和消费者、空闲资源等。网络具有正外部性和规模效应，其规模越大，平台聚集的用户和资源越多，其产品或服务的价值越大，从而能吸引更多用户和资源，其单位服务成本越低。这种正反馈机制激励平台经济的发展壮大，创新系统和服务模式，提高用户体验和用户福利。数字经济在微观上改变了消费者、企业和市场，影响经济绩效。

（1）数字经济改变了消费者的行为和角色。古典微观经济学认为，消费存在边际效用递减规律，然而，处于网络正外部性影响下，会带来消费规模的自我扩张，个体的消费会随着消费者数量的增加而增加。数字技术可以挖掘消费者行为数据之间的联系，通过大数据和算法推荐，

---

① 规模经济是指，产品的平均成本随生产规模的增加而降低。范围经济是指，因为可以共享现有的设备、渠道等，所以，企业能够通过增加产品种类降低产品平均成本。长尾效应强调"个性化"，随着产品品类的增加，每种产品的需求都会减少，但网络可以将大量小众需求聚集在一起创造出大市场。

影响消费者的主观判断，改变消费者行为。同时，网络外部性使消费者行为受到其他消费者行为的影响，算法将根据消费数据向消费者精准推送，消费规模成为需求函数的内生变量。

网络平台上会出现消费行为和协作行为共存的情况，消费者自发或被引导进行角色转换，提供更多价值，提升经济绩效。因为日益普及的互联网和数字技术大大降低了共同创造价值的成本，所以，在某些情况下，边际成本接近于零，这改变了消费者与生产者的关系，使消费者有能力进行创造、合作与生产。

（2）数字经济改变了企业成本及企业组织模式，提高企业盈利能力。与消费端类似，数字经济也对企业提供了网络支持，使之更加直接地接触市场，降低营销成本。数字经济支持多样化但相关性不强的业务，为企业业务范围的扩张和发展转型提供机会，传统企业生产的范围经济在数字经济背景下效果将更加明显，可共用的设备、人力资本、销售渠道和市场随着业务的扩张能降低单位成本。例如，腾讯和阿里在其主营业务中积累的大量用户，为其迅速涉及金融、交通、游戏等其他领域提供了竞争优势。

数字经济引导企业组织模式的变革，提升管理效率。数字经济支持扁平化、网络化、柔性化的组织结构和运营方式。交易成本降低，信息传递效率提升，促使企业的组织形态、业务流程、协调机制和参与主体发生改变。互联网、大数据、人工智能等新一代信息技术与实体企业相结合，使企业能有效地提高供需双方的匹配效率，企业的运营管理更为精准、便捷，企业管理效率显著提高。目前，中国企业探索了数字经济下的多种新型组织模式，海尔"人单合一"、韩都衣舍"大平台 + 小前端"、小米极致扁平化和华为"铁三角"等新型企业组织模式不断涌现，使企业的管理能力和获利能力提升。①

（3）数字经济提供细分市场空间，重构交易机制和价格机制。与传统市场相比，数字经济的交易过程大多不是"面对面"的，而是通过网

---

① 郭晗，廉玉妍. 数字经济与中国未来经济新动能培育［J］. 西北大学学报（哲学社会科学版），2020，50（1）：68.

络连接进行的。这降低了交易成本，缩短了交易流程，可以帮助中小企业构建有效的、更为广泛的、个性化的销售网络，长尾效应[①]在数字技术支持下得以发挥。而在数字经济中，网络平台可以将小众的市场聚拢形成较大的需求，从而实现定制化的设计和生产，为创新和细分市场提供机会空间，从而有可能进入大众视线，实现规模跃迁。

数字技术重构了买卖双方的信用关系，使交易信息公开透明。随着大数据、区块链等技术的发展，去中心化使数字经济交易成本进一步降低，用户足不出户即可查看商品的采购信息和配送信息，实现了对传统市场的有效升级和有效替代。另外，市场交易的内容从物品和服务扩展到数据，消费者接受了"使用而非拥有"的消费理念；产品免费和数据流量收费相互交织，促进市场的交易和商品流通。在消费者行为过程中产生的数据形成新的资产，互联网企业通过获得大量"免费"使用的用户，向第三方（如，广告公司）进行流量收费，使第三方代理的产品和服务获得了用户的关注或购买，由此形成了新的市场交易模式。

4.2 数字经济与 ICT 资本测算

4.2.1 数字经济测算方法

数字技术和商业模式的不断发展、不断深化，使数字经济内容丰富而复杂，测算数字经济对了解发展现状、把握发展方向具有重大意义。然而，数字技术会导致虚拟经济活动的存在，使企业和市场的边界变得模糊，数字经济和实体经济相互渗透并相互融合，宏观统计无法完全统计数字化带来的增加值，导致数字经济测算难度非常大。目前来看，国内外对数字经济测度的研究大体可划分为：国民经济核算相关方法论研究（OECD，2015；许宪春等，2019）、增加值测算研究（朱发仓等，

---

① 长尾效应借用统计学中的正态分布模型，说明小众冷门的产品需求和服务需求在传统工业化时代很难获得满足，只有大众化的产品才有相应的供给。

2021）、相关指数编制研究（OECD，2014）和构建卫星账户研究（向书坚和吴文君，2019）等。有的文献对数字经济涉及的具体方面进行单独测算分析，如，对数据资产的测算（许宪春等，2022）、对大数据的测算（Wamba et al.，2015）、对数字"免费"内容产品测算（Nakamura et al.，2016；许宪春等，2021）等。对数据资产或者虚拟数字产品的评估，可以采取的方法有：无形资产估值方法（收益法、市场法和成本法）、通过消费者的时间机会成本估计需求函数以测度消费者剩余（Brynjolfsson and Oh，2012）、通过消费者调查以直接揭示保留价格（Brynjolfsson et al.，2017）或者通过虚拟易货交易以统计数字产品规模（Nakamura et al.，2016）。

数字经济增加值测算方法有三种：①GDP 核算中的生产法。该方法先界定数字经济范围，再对增加值进行核算，即在数字经济产业划分的基础上，对各产业的增加值进行测算和加总（IMF，2018）。②基于增长核算框架的测算方法。相对而言，数字核心产业比较易于统计，但基于数字技术获得效率和增加值提升的这部分数字经济较难分离。因此，部分学者和研究机构（蔡跃洲，2018；中国信息通信研究院，2021）使用增长核算框架剥离传统产业中的数字技术贡献部分，从而计算产业数字化的增加值。③计量经济学方法。先计算数字经济指数或互联网指数，通过估算数字经济指数与 GDP 之间的回归系数，推算数字经济增加值（腾讯研究院，2018）。该方法需要确保指数的初始年份是一个有意义的、具有可比性的基数，还要确保回归统计关系的稳健性，控制变量选择的稳定性和有效性等，才能进行可靠估算。

蔡跃洲（2018）提出，通过"先增量后总量、先贡献度后规模"的思路，将 GDP 核算方法、增长核算方法和经济计量方法相结合，可以较为全面而科学地计算数字经济规模。数字技术或者 ICT 具有替代性、渗透性和协同性。替代性是指，ICT 资本品价格持续下降，使 ICT 资本品对其他资本品进行替代，从而产生了替代效应，这部分是与数字技术直接相关的数字核心产业的增加值，可通过 GDP 核算中的生产法进行核算。先测算数字经济对 GDP 增长的贡献度，将资本要素分为 ICT 资本和非 ICT 资本，然后，计算 ICT 资本要素增长对 GDP 增长的贡献率。渗透性和协同性是指，数字技术渗透到社会经济运行的各个环节，与其他要素结合产生协同性，从而提高生产效率并带来更多增加值，涉及传统产业使用数字技术带来的产业效率提升导致的增加值，被称为渗透效应或数字技术的溢出作用。相对而言，这部分增加值较难计算，属于宽口径数字经济的计算部分。先计算全要素生产率（Total Factor Productivity，TFP）对 GDP 增加的贡献度，然后，根据计量方法算出 TFP 增长与 ICT 渗透率之间的关系，进而测算出数字经济渗透效应对 GDP 增长的贡献率。

基于以上测算方法和本章的研究目的，本章的重点在于研究数字经济对可持续转型的经济绩效的影响，因此，主要计算数字经济核心数字产业的资本存量，即计算核心数字产业的 ICT 资本存量，以衡量数字经济资本规模，进而检验其对经济产出的贡献，即对经济增长和全要素生产率的影响。

4.2.2 ICT 资本存量测算

永续盘存法（Perpetual Inventory Method，PIM）是经济学研究中用于测量资本存量的主流方法，计算公式如下：

$$K_t = K_{t-1} - D_t + I_t = K_{t-1}(1 - \delta) + I_t \qquad \text{式（4-1）}$$

在式（4-1）中，K_t 表示 t 年年末的资本存量水平，D_t 表示折旧额，I_t 表示 t 年的投资额，δ 表示折旧率，以上都基于基期进行价格折算，假定折旧率不随时间变动。根据永续盘存法可知，利用式（4-1）计算资本存量，需要已知当期资本投资额、初始期资本存量、资本折旧率和资本价格指数。根据《数字经济及其核心产业统计分类（2021）》，数字核心产业包括数字硬件制造业（计算机、电子及通信设备制造业）和数字服务业（信息传输、计算机服务和软件业），如式（4-1）所示，可计算 ICT 制造业资本存量和 ICT 服务业资本存量。

4.2.2.1 数字核心产业当期资本投资额

当期资本投资额的衡量方法有：积累额、全社会固定资产投资、固定资产形成总额和新增固定资产数据。采用积累额可以回避资本折旧问题，但在 1993 年之后，中国新的国民经济核算数据中未公布积累额的相关指标，因此，学者们大多采用全社会固定资产投资或固定资产形成额进行计算。有研究表明，虽然相对来说固定资产形成额更合理地反映了当年资本的有效投资，但是，通过查阅历年和各省（区、市）的投入产出表，会发现多数服务部门的产品是某种服务，不会形成固定资本，也不能形成存货，因此，在一定程度上会低估服务业的资本存量，而且，存在统计年份不连续、部分省（区、市）数据缺失严重的问题。在相关统计资料中，全社会固定资产投资数据更完整，然而，存在后续的数据调整问题及固定资产投资的浪费现象，应通过固定资产交付率调整为新增固定资产。借鉴金戈（2016）的研究，选择新增固定资产衡量当期资本投资额。

4.2.2.2 数字核心产业固定资产投资价格指数

中国没有公布分行业固定资产价格指数的数据，因此，在构建数字核心产业固定资产投资价格指数时，部分研究文献直接选择全社会固定资产投资价格指数进行替代。孙琳琳等（2012）以美国作为基准国，用"和谐指数"的方法构建价格指数，即中国 ICT 固定资产的价格指数 = 美国 ICT 固定资产的价格指数 × 中国 GDP 折算指数/美国 GDP 折算指数。中国信息通信研究院（2021）采用类似的方式，然而，此种方法主要涉及产品价格指数而非固定资产价格指数。程名望和张家平（2019）构建了 ICT 服务业固定资产价格指数的方法，首先，获得全国及各地 GDP 平减指数序列和第三产业的平减指数，然后，将各地的固定资产投资价格指数与之相乘，即可获得第三产业的固定资产投资价格指数。然而，一方面，该方法存在一定的数据获取难度；另一方面，该方法计算出的固定资产投资价格指数波动较大。因此，本章仍使用全社会固定资产投资价格指数作为数字核心产业固定资产投资价格指数的替代。

4.2.2.3 数字核心产业资本折旧率

数字经济产品遵循摩尔定律，与一般产品相比，其使用年限少且折旧率高。假设资本效率为几何递减模式，即重置率与折旧率相等，根据中国信息通信研究院（2021）发表的《中国数字经济发展白皮书》，硬件的折旧率为 31.19%，使用年限为 4 年，通信设备折旧率为 26.44%，使用年限为 7.5 年，软件折旧率为 31.5%，使用年限为 5 年。渠慎宁（2017）指出，通信设备、计算机及其他电子制造业投资折旧率为 0.21，信息传输、计算机服务和软件业折旧率为 0.315。本章采用渠慎宁（2017）的折旧率数据。

4.2.2.4 数字核心产业初始期资本存量估算

一般认为，将资本存量估算的初始期设定得越早，近期的资本存量越不受早期估算偏差的影响，因此，中文文献大多将初始期设置为 1952 年或 1978 年。但是，从 2003 年开始对信息传输、计算机服务和软件业进行行业数据统计，考虑到数据的可获得性以及行业资产的更新速度，本章将研究的初始年份设定为 2003 年。

单豪杰（2008）使用增长率法测算初始期的资本存量，该方法认为，经济系统在稳定状态下的资本存量增长率与投资增长率相等，可使用初始期资本投资除以之后一段时间的平均投资增速与折旧率之和得到初始期的资本存量。本章研究的时间序列较短而且平均增速较快，也可以采用投入产出表中的折旧额反推方式进行计算，$D_t = (((K_0(1-\delta)+I_1)(1-\delta)+I_2)(1-\delta)+\cdots)\delta$，但问题在于，全国的数值和各省（区、市）的数值可能存在较大差距。因此，借鉴金戈（2016）的研究，本章以当年的投资流量占全国的比例测算当年资本存量。因此，2003 年各省（区、市）全社会资本存量和数字核心产业资本存量的计算公式为：

$$2003 年各省（区、市）资本存量 = \frac{各省（区、市）当年投资流量}{全国当年投资流量} \times 全国当年资本存量$$

$$式（4-2）$$

4.2.2.5 数据来源与处理说明

本章选取中国的 30 个省（区、市）[①] 的数据，本章使用数据的来源和处理过程为：（1）数据来源于历年《中国统计年鉴》《中国固定资产投资统计年鉴》和《中国价格统计年鉴》。对涉及当年名义值的指标，以 2003 年为基期进行处理，部分缺失值采用插值法补齐。（2）全社会总资

---

① 由于数据可得性，中国的 30 个省（区、市）的数据未包括中国西藏自治区、中国港澳台地区的数据。

本存量的估算，采用上文所述资本存量的测算方法，为保持口径一致，使用全社会新增固定资产数据，折旧率为 10.96%（单豪杰，2008）。从 1990 年开始计算，1990 年全社会资本存量＝（1990 年投资额÷资本折旧率＋1990~1999 年资本投资几何平均增长率），再根据式（4-1）逐年计算。2018~2020 年，全社会新增固定资产数据缺失，因此，采用全国各行业实际到位资金比上年增长情况进行估算。最后，计算得到 2003~2020 年全国总资本存量。（3）ICT 资本存量和非 ICT 资本存量的估算。农村的数字核心产业固定资产投资占全社会投资比例很低，因此，ICT 行业新增固定资产数据以城镇作为全社会口径的代替。先根据式（4-2）计算 2003 年初始期资本存量，再根据式（4-1）逐年计算，全国总资本存量减去 ICT 资本存量得到非 ICT 资本存量。

4.3　ICT 资本存量估算结果及分析

4.3.1　全国 ICT 资本存量估算结果及分析

根据上文的估算方法，得到 2003~2020 年全国总资本存量、ICT 制造业资本存量及其占比、ICT 服务业资本存量及其占比和非 ICT 资本存量。2003~2020 年中国资本存量（2003 年不变价），见表 4-1。2003~2020 年中国总资本存量快速累积，从 2003 年的 184026.07 亿元增加至 2020 年的 1796122.91 亿元，增长 8.76 倍，平均每年增长 14.43%，总资本存量积累速度在 2009 年达到最大，之后逐年下降，2019~2020 年的年增速仅为 6.00%，说明中国的总资本存量逐渐达到稳定状态。

中国 ICT 资本存量在 2003~2020 年快速累积。ICT 制造业资本存量从 2003 年的 2528.48 亿元增加至 2020 年的 24363.02 亿元，增长 8.64 倍，平均每年增长 14.37%，ICT 资本存量积累速度在此期间波动增长，增长率在 2011 年达到最高的 26.27%，之后，在 2018 年降到 9%，后又达到 2020 年的 13.44%。ICT 服务业资本存量从 2003 年的 5135.68 亿元增加至 2020 年的 11397.72 亿元，增加了 1.22 倍，期间平均每年增长

6.78%，资本存量积累速度在此期间波动增长，2003～2008年皆为下降，增速均值为 -7.91%，2011年以后，积累速度由负转正，说明资本投资的增速超过了折旧速度，2012～2020年ICT资本存量积累速度年均14.05%，2014～2015年增速达到27.66%，2019～2020年降至11.59%。

表 4-1　　　　　2003～2020 年中国资本存量（2003 年不变价）

年份	总资本存量（亿元）	ICT 制造业资本存量（亿元）	ICT 制造业资本存量占比（%）	ICT 服务业资本存量（亿元）	ICT 服务业资本存量占比（%）	非 ICT 资本存量（亿元）
2003	184026.07	2528.48	1.37	5135.68	2.79	176361.91
2004	207212.79	2642.17	1.28	4610.03	2.22	199960.58
2005	238518.51	2896.90	1.21	4050.92	1.70	231570.68
2006	276327.14	3418.67	1.24	3768.86	1.36	269139.62
2007	319818.04	3833.60	1.20	3534.13	1.11	312450.31
2008	369297.24	4319.27	1.17	3392.96	0.92	361585.02
2009	444084.76	4859.05	1.09	3627.43	0.82	435598.28
2010	528665.53	5796.33	1.10	3700.55	0.70	519168.64
2011	616016.34	7319.11	1.19	3541.69	0.57	605155.54
2012	721126.84	8841.78	1.23	3794.93	0.53	708490.13
2013	855661.70	10469.22	1.22	4107.27	0.48	841085.21
2014	1015643.53	12169.10	1.20	5063.13	0.50	998411.30
2015	1202077.92	14278.52	1.19	6463.59	0.54	1181335.81
2016	1345106.75	15463.14	1.15	7295.63	0.54	1322347.97
2017	1477610.22	17537.90	1.19	8420.37	0.57	1451651.96
2018	1589748.44	19197.15	1.21	9249.26	0.58	1561302.03
2019	1694404.80	21476.42	1.27	10214.05	0.60	1662714.32
2020	1796122.91	24363.02	1.36	11397.72	0.63	1760362.17
增长倍数	8.76	8.64	—	1.22	—	8.98

注："—"表示数据无法计算。
资料来源：笔者根据本章的相关数据，应用 Office 365 软件计算整理而得。

2003～2020年，ICT资本存量占比处于波动状态。ICT制造业资本存量占比出现了两次下降后上升，2009年为占比最低年份，之后，波动上升至1.36%。ICT服务业资本存量占比出现了先下降后上升，2013年为占比最低年份，之后，波动上升至 2020 年的 0.63%。与非 ICT 资本相比，ICT 资本折旧率较高，固定资本形成较难，特别是 ICT 服务业资本，主要表现形式为无形资本和人力资本，因此，ICT 服务业资本前期占比较高。田友春（2016）、程名望和张家平（2019）指出，中国 ICT 资本存在投资不足的情况。移动互联网和新一代信息技术的快速发展和渗透使 2011 年以后 ICT 资本存量增速和占比齐头并进，投资不足情况逐渐得到缓解，开始了新一轮积累过程。

4.3.2 各地区 ICT 资本存量估算结果及分析

因为各地区社会经济禀赋的差异，区域发展不平衡，所以，ICT 资本存量也存在区域差异。《中国统计年鉴》和《中国固定资产投资统计年鉴》只有 2003~2017 年中国的 30 个省（区、市）的 ICT 投资数据，为了确保研究的精确性，仅分析各省（区、市）2003~2017 年的 ICT 资本存量。另外，海南、青海、宁夏和新疆的 ICT 制造业新增资本数据不全，进行加总后与全国 ICT 资本存量进行对比，误差很小，因此，将这四省（区）的数据剔除对计算结果影响不大。2003 年、2008 年、2012 年和 2017 年中国各省（区、市）ICT 资本存量（2003 年不变价），见表 4－2。

表 4－2　　　　2003 年、2008 年、2012 年和 2017 年中国各省（区、市）
ICT 资本存量（2003 年不变价）

地区	ICT 制造业资本存量（亿元）				ICT 服务业资本存量（亿元）			
	2003 年	2008 年	2012 年	2017 年	2003 年	2008 年	2012 年	2017 年
北京	31.25	142.26	130.65	267.15	189.38	127.33	222.40	463.57
天津	94.11	121.73	202.10	350.01	93.80	62.55	100.28	244.71
河北	19.09	62.48	180.82	421.69	272.21	177.93	88.00	298.34
山西	0.85	41.81	49.46	83.51	71.72	101.44	74.05	100.28
内蒙古	4.95	13.85	25.47	157.23	83.78	79.86	128.92	279.59
辽宁	37.85	100.07	266.19	291.68	247.22	142.85	192.19	193.04
吉林	7.66	30.02	67.69	150.56	63.41	82.87	117.50	464.14
黑龙江	0.47	12.81	28.21	67.81	328.28	176.36	102.79	288.58
上海	437.12	533.02	427.50	352.11	10.69	92.04	78.96	143.08

续表

地区	ICT 制造业资本存量（亿元）				ICT 服务业资本存量（亿元）			
	2003 年	2008 年	2012 年	2017 年	2003 年	2008 年	2012 年	2017 年
江苏	648.97	1313.85	2457.47	3810.89	397.73	167.92	316.28	913.52
浙江	122.36	191.12	279.09	613.28	239.62	117.58	122.90	330.85
安徽	19.46	49.77	380.37	1018.36	133.31	85.37	108.79	371.24
福建	181.96	151.29	251.08	854.72	280.07	198.41	226.93	493.72
江西	17.81	111.10	418.19	859.48	41.06	72.32	84.78	214.21
山东	140.53	195.21	362.17	785.16	264.26	100.00	101.13	307.04
河南	12.34	50.91	315.63	1257.29	215.06	154.59	98.05	222.83
湖北	34.46	46.83	227.10	639.61	179.45	109.70	108.26	169.75
湖南	4.05	38.33	205.68	673.41	144.47	70.71	85.13	372.89
广东	592.01	880.63	1367.17	2127.16	364.89	350.55	526.93	731.52
广西	9.19	16.97	114.84	378.03	142.90	87.90	151.63	324.37
海南	—	—	—	—	21.48	22.41	51.44	40.63
重庆	1.08	43.20	151.00	864.71	221.72	94.39	73.85	67.46
四川	50.09	64.78	527.95	632.06	248.17	158.58	169.54	379.10
贵州	26.57	14.80	12.83	125.94	155.06	100.70	76.41	89.35
云南	0.10	0.39	9.68	15.94	228.21	89.98	77.82	163.09
陕西	19.54	39.07	188.93	335.79	113.19	112.77	86.58	224.43
甘肃	4.73	4.49	7.37	267.15	52.95	33.31	49.87	114.30
青海	—	—	—	—	21.34	10.34	4.70	50.94
宁夏	—	—	—	—	18.77	18.30	21.35	71.35
新疆	—	—	—	—	275.19	136.94	96.28	182.08
总计	2528.48	4271.36	8655.26	17173.88	5119.38	3336.01	3743.72	8310.01

注："—"表示无数据。
资料来源：笔者根据本章提及的相关数据，应用 Office 365 软件计算整理而得。

2003 年，ICT 制造业资本存量前三名分别为广东、江苏和上海，除未统计地区外，后三名分别为山西、黑龙江和云南。2008 年，前三名仍为江苏、广东和上海，后三名分别为黑龙江、甘肃和云南。2012 年，前三名分别为江苏、广东和四川，后三名分别为贵州、云南和甘肃。2017

年，前三名分别为江苏、广东和河南，后三名分别为山西、黑龙江和云南。整体来看，2003 年，ICT 制造业资本存量较高的地区集中在东部沿海经济较发达地区，2017 年转移到了中西部地区，这表明 ICT 制造业投资的转移路径。2003 年，ICT 服务业资本存量前三名分别为广东、江苏和黑龙江，后三名分别为青海、宁夏和上海。2008 年，前三名分别为广东、福建和河北，后三名分别为海南、宁夏和青海。2012 年，前三名分别为江苏、广东和福建，后三名分别为甘肃、宁夏和青海。2017 年，前三名仍为江苏、广东和福建，后三名分别为重庆、青海和海南。整体来看，除了江苏和广东的 ICT 制造业资本存量和 ICT 服务业资本存量始终较高外，其他地区出现了较为显著的产业固定资本变化情况。ICT 服务业资本存量高低的区域间分布较为分散，没有特别明显的转移路径。从区域差异来看，对比最高地区和最低地区的 ICT 制造业资本存量的差异和 ICT 服务业资本存量的差异，计算发现 2003 年差异分别为 6653 倍和 37 倍，2017 年差异缩小至 239 倍和 22 倍。

4.3.3　ICT 资本存量与经济发展水平对比分析

考虑各地区的人口规模，本小节构建各地区人均 ICT 资本存量和劳均 ICT 资本存量，进一步分析其与经济发展水平的相关性、分布状况和区域差异收敛性。

4.3.3.1　ICT 资本存量与经济发展水平的相关性分析

根据测算结果，本小节绘制各地区人均 ICT 制造业资本存量、ICT 服务业资本存量、劳均 ICT 制造业资本存量和劳均 ICT 服务业资本存量与2003 年不变价格下人均 GDP 之间的散点图，以分析 ICT 资本存量与经济发展水平之间的相关性（2003 年不变价），见图 4 - 1。可以看出，人均 ICT 制造业资本存量和人均 ICT 服务业资本存量较高的地方，实际人均 GDP 相对较高，二者存在正相关关系。劳均 ICT 制造业的资本存量和劳均 ICT 服务业的资本存量较高的地方，实际人均 GDP 相对较高，二者也存在正相关关系。

4.3.3.2　ICT 资本存量的分布动态

进一步地,对 ICT 资本存量进行核密度估计,以分析其在样本期内的分布动态演进趋势。核密度估计是一种非参数估计方法,稳健性强,模型依赖性弱,常被应用于空间非均衡分析。核密度估计通过平滑的峰值函数拟合样本数据,用密度曲线描述随机变量的分布形态,假定随机变量 X 的密度函数为:

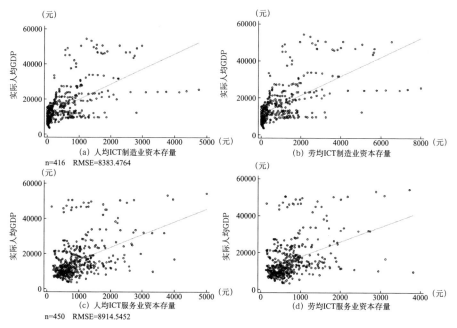

图 4-1　ICT 资本存量与经济发展水平之间的相关性（2003 年不变价）

资料来源:笔者根据本章计算数据,应用 Stata 17.0 软件整理绘制而得。

$$f(x) = \frac{1}{Nh} \sum_{i=1}^{N} K\left(\frac{X_i - x}{h}\right) \qquad 式（4-3）$$

在式（4-3）中,N 表示观测值数量;X_i 表示独立同分布的观测值;x 表示观测值的均值;K 表示核密度;h 表示带宽。核密度估计曲线可以用于表示随机变量的分布位置、形态、延展性等,本小节选择高斯核函数作为核密度函数,使用拇指法确定最优带宽。其中,K 满足以下条件:

$$\begin{cases} \lim_{n \to \infty} K(y) \times y = 0 \\ K(y) \geqslant 0 ; \int_{-\infty}^{+\infty} K(y) \, dy = 1 \\ \sup K(y) < +\infty ; \int_{-\infty}^{+\infty} K^2(y) \, dy < +\infty \end{cases}$$

对劳均 ICT 制造业资本存量和劳均 ICT 服务业资本存量取对数，以减少极端值。2003 年、2008 年、2012 年、2017 年全国劳均 ICT 资本存量的分布动态，见图 4-2。2003 年、2008 年、2012 年和 2017 年四个代表性年份，反映劳均 ICT 资本存量的分布位置、态势、延展性和极化趋势等动态分布演进特征。图 4-2 （a）表示全国劳均 ICT 制造业资本存量的分布动态，在样本期内，全国总体核密度估计曲线中心和变化区间逐步右移，资本存量各年主峰高度逐年上升，曲线宽度明显收窄，其绝对差异存在缩小趋势，部分区域增速可能明显加快。同时，核密度估计曲线有明显的左拖尾情况，延展性逐渐变小，意味着全国范围内水平低的地区和平均水平逐渐接近。图 4-2 （b）表示全国劳均 ICT 服务业资本存量的分布动态，劳均 ICT 服务业资本存量各年主峰堆叠在一起，有略微右移的情况，但高度有下降趋势，核密度估计曲线覆盖宽度逐渐变大，有不太明显的右拖尾情况，整体较为对称，延展性变大，说明全国范围内离散程度增大。

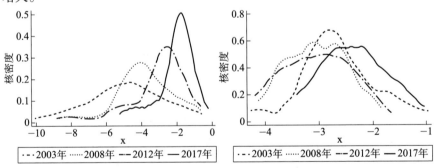

(a) 全国劳均ICT制造业资本存量的分布动态　(b) 全国劳均ICT服务业资本存量的分布动态

图 4-2　2003 年、2008 年、2012 年、2017 年全国劳均 ICT 资本存量的分布动态

资料来源：笔者根据本章计算数据应用 Stata 17.0 软件整理绘制而得。

将研究样本中国的30个省（区、市）分为东部地区、中部地区、西部地区三部分：东部地区包括北京、天津、河北、辽宁、上海、江苏、浙江、福建、山东、广东和海南；中部地区包括山西、安徽、江西、河南、湖北、湖南、吉林和黑龙江；西部地区包括内蒙古、广西、重庆、四川、贵州、云南、西藏、陕西、甘肃、青海、宁夏和新疆。中国东部地区、中部地区、西部地区三大区域劳均 ICT 资本存量的分布动态，见图 4-3。图 4-3（a）、图 4-3（b）、图 4-3（c）分别表示东部地区、中部地区、西部地区劳均 ICT 制造业资本存量的分布动态。东部地区的核密度估计曲线与全国走势类似，各年主峰高度逐年上升，曲线宽度有明显收窄，其绝对差异存在缩小趋势，部分区域增速可能明显加快；曲线有明显的左拖尾向右拖尾转变的情况，延展性在逐渐变小，意味着东部地区内水平低的地区与平均水平逐渐接近。中部地区核密度估计曲线的中心位置和分布区间不断右移，呈现持续改善态势，波峰高度呈现"上升—下降—上升"的发展趋势；曲线覆盖宽度也是如此发展，说明样本期间中部地区一些省提高了劳均 ICT 制造业资本存量，呈现出"你追我赶"的情况；曲线有一定的左拖尾，说明整体发展趋向平均。西部地区四条核密度估计曲线的中心位置及区间不断右移，说明资本存量的提高；波峰高度在不断提高，曲线覆盖宽度有一定减少，其绝对差异存在缩小趋势，部分区域增速可能明显加快；曲线从明显的左拖尾到没有明显拖尾，延展性逐渐变小，波峰从不太明显的双峰到明显双峰，说明存在较为明显的梯度效应，存在两极分化或多极分化的演变情况。

图 4-3（d）、图 4-3（e）、图 4-3（f）分别表示东部地区、中部地区、西部地区劳均 ICT 服务业资本存量的分布动态，各地区核密度估计曲线的中心位置及区间不断右移，意味着资本存量提高，波峰高度均呈现"先上升、后下降"的发展趋势。然而，从曲线覆盖宽度上看，东部地区是变小后变大但比期初小，说明绝对差异在波动中减少，而中部地区绝对差异先减少、后增加，西部地区的绝对差异在减少。从拖尾上看，东部地区有明显的左拖尾，说明整体发展趋向平均。西部地区在样本后期的拖尾现象开始不明显，但整体上是右拖尾转向左拖尾，也说明相对发展趋向平均。从波峰上看，基本上都是单峰状态。

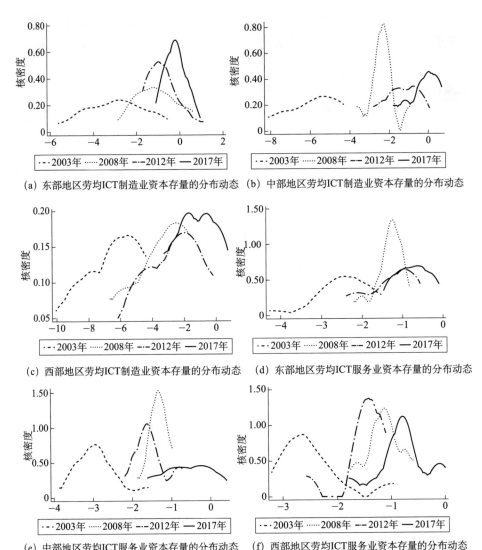

（a）东部地区劳均ICT制造业资本存量的分布动态　（b）中部地区劳均ICT制造业资本存量的分布动态

（c）西部地区劳均ICT制造业资本存量的分布动态　（d）东部地区劳均ICT服务业资本存量的分布动态

（e）中部地区劳均ICT服务业资本存量的分布动态　（f）西部地区劳均ICT服务业资本存量的分布动态

图4-3　中国东部地区、中部地区、西部地区三大区域劳均 ICT 资本存量的分布动态
资料来源：笔者根据本章计算数据，应用 Stata 17.0 软件绘制而得。

4.3.3.3　收敛性分析

本小节使用 σ 收敛模型分析 ICT 资本存量的时间演变特征，σ 收敛用于考察 ICT 资本存量水平偏离整体平均水平的差异及其动态变化趋势。

可用变异系数法进行计算，其公式如下：

$$\sigma_t = \sqrt{\frac{1}{n}\sum_{i=1}^{n}\left(X_{it} - \frac{1}{n}\sum_{i=1}^{n}X_{it}\right)^2} \bigg/ \frac{1}{n}\sum_{i=1}^{n}X_{it} \qquad 式（4-4）$$

在式（4-4）中，σ_t 为 t 时期的 σ 收敛系数，n 为研究样本省（区、市）数，X_{it} 为 t 时期个体 i 的 ICT 资本存量。当 $\sigma_t < \sigma_{t-1}$ 时，说明 t 时期 ICT 资本存量相对于 t-1 时期趋于收敛；反之，则趋于发散。

2003～2017 年全国和不同区域的劳均 ICT 资本存量的变异系数结果，见表 4-3。2003～2017 年全国和不同区域的人均 ICT 资本存量的变异系数结果，见表 4-4。劳均 ICT 制造业资本存量在全国和东部地区是收敛的，在中部地区呈现先发散、后收敛的情况；西部地区在样本区间总体上处于发散状态，各省（区、市）差距拉大。劳均 ICT 服务业资本存量在各地都是先收敛、后发散。全国、东部地区和中部地区劳均 ICT 服务业资本存量的变异系数在 2009 年处于最低值，之后，各地劳均 ICT 服务业资本存量的变异系数波动中增大，呈现发散趋势。西部地区劳均 ICT 服务业资本存量的变异系数在 2013 年处于最低，之后波动中增大，也说明西部地区劳均 ICT 服务业投资滞后于其他地区。

表 4-3　2003～2017 年全国和不同区域的劳均 ICT 资本存量的变异系数结果

年份	劳均 ICT 制造业资本存量				劳均 ICT 服务业资本存量			
	全国	东部地区	中部地区	西部地区	全国	东部地区	中部地区	西部地区
2003	2.386	1.446	0.803	1.221	0.847	0.681	0.859	0.976
2004	2.586	1.603	0.768	1.188	0.732	0.538	0.821	0.859
2005	2.250	1.359	0.598	1.104	0.681	0.524	0.731	0.769
2006	2.089	1.224	0.545	1.156	0.630	0.508	0.671	0.722
2007	1.772	1.081	0.547	0.879	0.634	0.597	0.624	0.696
2008	1.726	1.087	0.705	1.020	0.599	0.530	0.583	0.718
2009	1.502	0.977	0.903	1.106	0.561	0.509	0.541	0.670
2010	1.296	0.916	1.020	1.372	0.572	0.568	0.562	0.578
2011	1.252	0.914	0.945	1.225	0.567	0.554	0.563	0.493
2012	1.158	0.891	0.780	1.159	0.690	0.640	0.654	0.513

续表

年份	劳均 ICT 制造业资本存量				劳均 ICT 服务业资本存量			
	全国	东部地区	中部地区	西部地区	全国	东部地区	中部地区	西部地区
2013	1.050	0.826	0.659	1.111	0.646	0.572	0.644	0.440
2014	0.960	0.776	0.591	1.132	0.679	0.582	0.792	0.540
2015	0.895	0.742	0.572	1.154	0.694	0.630	0.636	0.534
2016	0.864	0.745	0.539	1.164	0.626	0.607	0.608	0.559
2017	0.886	0.759	0.602	1.365	0.683	0.685	0.767	0.544
是否收敛	收敛	收敛	先发散、后收敛	发散	先收敛、后发散	先收敛、后发散	先收敛、后发散	先收敛、后发散

资料来源：笔者根据本章提及的相关数据应用 Office 365 软件计算整理而得。

表 4-4　2003~2017 年全国和不同区域的人均 ICT 资本存量的变异系数结果

年份	人均 ICT 制造业资本存量				人均 ICT 服务业资本存量			
	全国	东部地区	中部地区	西部地区	全国	东部地区	中部地区	西部地区
2003	2.0661	1.2628	0.8693	0.8840	0.7136	0.6398	0.7274	0.7274
2004	2.2386	1.4035	0.8037	0.8484	0.6428	0.5661	0.7104	0.6287
2005	1.9725	1.1930	0.6395	0.7823	0.5993	0.5326	0.6269	0.5938
2006	1.8524	1.1288	0.5014	0.8378	0.5604	0.5270	0.5729	0.5497
2007	1.7226	1.0577	0.4856	0.7384	0.5816	0.6038	0.5230	0.5312
2008	1.6807	1.0657	0.6904	0.8755	0.5366	0.5283	0.4769	0.5326
2009	1.4630	0.9610	0.8987	0.9992	0.5058	0.4983	0.4313	0.4942
2010	1.2217	0.8819	1.0123	1.2293	0.5197	0.5379	0.4506	0.4379
2011	1.1756	0.8817	0.9428	1.0861	0.5355	0.5280	0.4629	0.3874
2012	1.1070	0.8731	0.7885	1.0047	0.6687	0.6029	0.5651	0.4214
2013	1.0056	0.8156	0.6752	1.0075	0.6344	0.5431	0.5940	0.3896
2014	0.9208	0.7586	0.6074	1.0632	0.6618	0.5336	0.7815	0.4701
2015	0.8594	0.7270	0.5939	1.0659	0.6750	0.5821	0.5983	0.4811
2016	0.8276	0.7317	0.5623	1.0537	0.6155	0.5806	0.5737	0.5212

年份	人均 ICT 制造业资本存量				人均 ICT 服务业资本存量			
	全国	东部地区	中部地区	西部地区	全国	东部地区	中部地区	西部地区
2017	0.8528	0.7501	0.6327	1.2557	0.6704	0.6618	0.7226	0.5173
是否收敛	收敛	收敛	先发散、后收敛	发散	先收敛、后发散	先收敛、后发散	先收敛、后发散	先收敛、后发散

资料来源：笔者根据本章提及的相关数据应用 Office 365 软件计算整理而得。

4.4　ICT 资本存量产出弹性估算

4.4.1　模型设定

根据柯布－道格拉斯生产函数（C－D 生产函数）构建模型：

$$Y_{it} = A\, L_{it}^{\alpha} K_{it}^{\beta} e^{\gamma t + \mu_i + \varepsilon_{it}} \qquad 式（4－5）$$

在式（4－5）中，Y_{it} 表示产出水平，A 表示常数，代表中性技术进步，L 和 K 分别表示劳动投入和资本存量，α 和 β 分别表示劳动的弹性和资本的弹性，γt、μ_i 和 ε_{it} 分别表示时间固定效应、个体固定效应和随机误差项，t 和 i 分别表示时间和省（区、市）。

将资本存量 K 分为 ICT 资本存量（K^{ict}）和非 ICT 资本存量（K^{nict}），ICT 资本存量可进一步分为 ICT 制造业资本存量（K^a）和 ICT 服务业资本存量（K^b）。借鉴金戈（2016）的做法，将式（4－5）转变为以下形式：

$$Y_{it} = A\, L_{it}^{\alpha} (K^{nict})^{\beta_1} (K^{ict})^{\beta_2} e^{\gamma t + \mu_i + \varepsilon_{it}} \qquad 式（4－6）$$

$$Y_{it} = A\, L_{it}^{\alpha} (K^{nict})^{\beta_1} (K^a)^{\beta_a} (K^b)^{\beta_b} e^{\gamma t + \mu_i + \varepsilon_{it}} \qquad 式（4－7）$$

ICT 资本具有类似基础设施的作用，其提供的通信网络、服务、平台等存在生产外部性，从而使整体经济规模报酬递增。因此，可观察 $\alpha + \beta_1 + \beta_2$ 的值或 $\alpha + \beta_1 + \beta_a + \beta_b$ 的值确定规模报酬的性质，当其大于 1 时，生产函数具有规模报酬递增的特征；当其小于 1 时，生产函数具有规模报酬递减的特征；当其等于 1 时，生产函数具有规模报酬不变的特征。通过构建无约束模型和有约束模型，可考察生产函数的性质。

首先，假设生产函数的弹性系数不受约束，构建无约束计量经济模型：

$$\ln Y_{it} = a + \alpha \ln L_{it} + \beta_1 \ln K_{it}^{nict} + \beta_2 \ln K_{it}^{ict} + \gamma t + \mu_i + \varepsilon_{it} \quad \text{式（4-8）}$$

$$\ln Y_{it} = a + \alpha \ln L_{it} + \beta_1 \ln K_{it}^{nict} + \beta_a \ln K_{it}^{a}$$
$$+ \beta_b \ln K_{it}^{b} + \gamma t + \mu_i + \varepsilon_{it} \quad \text{式（4-9）}$$

其次，有约束模型的生产函数具有规模报酬不变的性质，构建有约束计量经济模型：

$$\ln y_{it} = a + \beta_1 \ln k_{it}^{nict} + \beta_2 \ln k_{it}^{ict} + \gamma t + \mu_i + \varepsilon_{it} \quad \text{式（4-10）}$$

$$\ln y_{it} = a + \beta_1 \ln k_{it}^{nict} + \beta_a \ln k_{it}^{a} + \beta_b \ln k_{it}^{b} + \gamma t + \mu_i + \varepsilon_{it} \quad \text{式（4-11）}$$

在式（4-10）和式（4-11）中，y_{it}、k_{it}^{nict}、k_{it}^{ict}、k_{it}^{a}和k_{it}^{b}分别表示人均产出、人均非 ICT 资本存量、人均 ICT 资本存量、人均 ICT 制造业资本存量和人均 ICT 服务业资本存量。使用瓦尔德（Wald）系数检验约束性，设定零假设是规模报酬不变，即 $\alpha + \beta_1 + \beta_2 = 1$ 或 $\alpha + \beta_1 + \beta_a + \beta_b = 1$。F 统计量的计算公式为：

$$F(1, NT - k) = \frac{SSR_r - SSR_u}{SSR_u / (N - k)} \quad \text{式（4-12）}$$

4.4.2　实证结果与实证分析

实证采用的数据具有短面板数据的特征，样本为中国的 26 个省（区、市）（因为 ICT 制造业投资数据缺失，所以，为了保证回归的稳健性，剔除海南、青海、宁夏和新疆四个省（区）的样本数据），时间跨度为 15 年。考虑内生性问题，将资本存量滞后一期。先将式（4-10）和式（4-11）进行固定效应回归和随机效应回归，豪斯曼（Hausman）检验支持模型采取固定效应估计。为了避免固定效应回归的自相关性、截面相关性和异方差等问题，采用面板修正标准误方法（PCSE）进行估计，并控制时间趋势项或时点效应。

无约束模型和有约束模型的估计结果，见表 4-5。表 4-5 中所有的拟合系数都在 1% 的水平上显著。对每个模型控制时间趋势或者时点效应之后，得到的回归结果较为接近。进行了 Wald 系数约束性检验后，选择无约束模型，即表 4-5 中模型（1）~模型（4）的估计结果。

根据表 4 - 5 中模型（1）和模型（2）的估计结果进行分析，此时，ICT 制造业资本和 ICT 服务业资本合为一体，统称为 ICT 资本，因而，估算的是非 ICT 资本的产出弹性、ICT 资本的产出弹性。根据估计结果可知，ICT 资本对经济产出具有显著的促进作用，产出弹性系数在 0.223 ~ 0.269 区间，即 ICT 资本存量每增加 1%，可以使产出增加 0.223% ~ 0.269%；非 ICT 资本产出弹性系数在 0.558 ~ 0.603 区间，表明此阶段非 ICT 资本存量对产出的影响最大。ICT 资本、非 ICT 资本和劳动的产出弹性系数合计在 1.014 ~ 1.023 区间，说明在此阶段，中国生产函数具有规模报酬递增的性质。

根据表 4 - 5 中模型（3）和模型（4）进行分析，ICT 资本分为 ICT 制造业资本和 ICT 服务业资本，根据估计结果可知，ICT 服务业资本对经济产出的贡献大于 ICT 制造业资本对经济产出的贡献，平均贡献约高出一倍；ICT 制造业资本的产出弹性为 0.0820；ICT 服务业资本的产出弹性在 0.151 ~ 0.181 区间。ICT 制造业资本、ICT 服务业资本、非 ICT 资本和劳动投入对经济产出弹性之和大于 1，同样表明，在此阶段中国生产函数具有规模报酬递增的性质。

表 4 - 5　　　　　　　　无约束模型和有约束模型的估计结果

解释变量	lnY 无约束模型				lny 有约束模型			
	模型（1）	模型（2）	模型（3）	模型（4）	模型（5）	模型（6）	模型（7）	模型（8）
$\ln L$	0.197***	0.187***	0.190***	0.199***				
	(0.022)	(0.019)	(0.020)	(0.017)				
$L. \ln K^n$	0.603***	0.558***	0.606***	0.587***				
	(0.039)	(0.046)	(0.031)	(0.033)				
$L. \ln K^{ict}$	0.223***	0.269***						
	(0.023)	(0.021)						
$L. \ln K^a$			0.082***	0.082***				
			(0.004)	(0.004)				
$L. \ln K^b$			0.151***	0.181***				
			(0.011)	(0.015)				
$L. \ln k^n$					0.580***	0.540***	0.603***	0.578***
					(0.028)	(0.033)	(0.029)	(0.033)

解释变量	lnY 无约束模型				lny 有约束模型			
	模型（1）	模型（2）	模型（3）	模型（4）	模型（5）	模型（6）	模型（7）	模型（8）
L. lnk^{ict}				0.223***	0.268***	0.223***		
				(0.021)	(0.019)	(0.021)		
L. lnk^a							0.081***	0.081***
							(0.003)	(0.004)
L. lnk^b							0.136***	0.180***
							(0.012)	(0.015)
year	-0.095***		-0.099***		-0.090***		-0.098***	
	(0.006)		(0.003)		(0.005)		(0.003)	
观测数	390	390	390	390	390	390	390	390
R^2	0.886	0.904	0.888	0.902	0.749	0.789	0.758	0.788
时点效应	否	是	否	是	否	是	否	是

注：括号内为标准误，***、**和*分别表示在1%、5%和10%的水平上显著。

资料来源：笔者根据本章提及的相关数据应用 Stata 17.0 软件计算整理而得。

4.4.3 ICT 资本存量产出弹性的时间差异和区域差异

在表4-5中模型（1）的基础上，加入 ICT 资本与年份的交互项，可以观察 ICT 资本产出弹性的时间差异和变化趋势，见表4-6。可以看到，各变量的估计系数和显著性与表4-5的结果相差不大，说明模型估计结果有一定的稳健性。ICT 资本与年份的交互项估计系数在2005～2017年显著增加，表明 ICT 资本弹性有所提升，显示了 ICT 资本对经济增长的贡献能力在增加。

表4-6 ICT 资本产出弹性的时间差异和变化趋势

变量	被解释变量 lnY	
lnL	0.539***	0.448***
	(0.042)	(0.036)
L. lnK^n	0.379***	0.532***
	(0.053)	(0.042)
L. lnK^a	0.057***	0.083***
	(0.004)	(0.003)

续表

变量	被解释变量 lnY	
L. lnK^b	0.178 ***	0.021
	(0.026)	(0.019)
变量	year × lnK^a	year × lnK^b
2005 年	− 0.001	0.011 ***
	(0.002)	(0.003)
2006 年	0.005	0.030 ***
	(0.003)	(0.003)
2007 年	0.006	0.046 ***
	(0.004)	(0.004)
2008 年	0.003	0.057 ***
	(0.007)	(0.006)
2009 年	0.021 **	0.094 ***
	(0.008)	(0.007)
2010 年	0.031 ***	0.117 ***
	(0.011)	(0.009)
2011 年	0.034 ***	0.133 ***
	(0.012)	(0.011)
2012 年	0.047 ***	0.162 ***
	(0.014)	(0.013)
2013 年	0.078 ***	0.201 ***
	(0.018)	(0.015)
2014 年	0.124 ***	0.246 ***
	(0.024)	(0.017)
2015 年	0.180 ***	0.305 ***
	(0.028)	(0.020)
2016 年	0.235 ***	0.373 ***
	(0.033)	(0.025)
2017 年	0.272 ***	0.420 ***
	(0.037)	(0.028)
R^2	0.867	0.891

注：括号内为标准误，＊＊＊、＊＊和＊分别表示在1%、5%和10%的水平上显著。

资料来源：笔者根据本章提及的相关数据应用 Stata 17.0 软件计算整理而得。

在表4-5中模型（1）和模型（2）的基础上，加入ICT资本与区域的交互项，从而可以观察ICT资本产出弹性的区域差异，见表4-7。从ICT资本和区域虚拟变量的交叉项系数可以看出，相对于东部地区，中部地区和西部地区ICT资本的产出弹性都有所降低，且西部地区低于中部地区。原因可能在于，一方面，相对于东部地区的ICT资本存量，中部地区和西部地区特别是西部地区的ICT资本存量仍然较低，规模有待提高；另一方面，中部地区和西部地区市场化程度较低，资源配置效率低，资源扭曲程度高，区域内部ICT资本发展不平衡的情况比较明显，抑制了ICT资本对经济产出的溢出效应。

表4-7   ICT资本产出弹性的区域差异

解释变量	被解释变量 lnY	
lnL	0.304 ***	0.288 ***
	(0.028)	(0.025)
L. lnK_n	0.485 ***	0.450 ***
	(0.033)	(0.037)
L. lnK_{ICT}	0.175 ***	0.219 ***
	(0.021)	(0.019)
ICT资本与区域的交互项（以东部地区为基准）		
中部地区 × ICT资本	-0.049 ***	-0.045 ***
	(0.008)	(0.008)
西部地区 × ICT资本	-0.068 ***	-0.064 ***
	(0.002)	(0.002)
时间固定效应	是	否
观察值	390	390
R^2	0.919	0.932

注：括号内为标准误，***、**和*分别表示在1%、5%和10%的水平上显著。
资料来源：笔者根据本章提及的相关数据应用Stata 17.0软件计算整理而得。

4.5　ICT 资本对全要素生产率的影响

4.5.1　模型构建和数据说明

4.5.1.1　计量模型构建

新一代信息技术及应用在多维度上影响生产要素和全要素生产率。20 世纪 80 年代，高速的 ICT 投资与缓慢增长的生产率并存的现象，被称为"生产率悖论"或者"索洛悖论"，以此说明信息技术的大规模投资并未带来生产率提高和经济增长提升。多位学者从 ICT 投资规模、技术特征、调整时滞、生产管理、利润分配和生产率测度等不同角度，对索洛悖论进行了解释（Triplett，1999；Gullickson and Harper，1999）。与此同时，有的文献认为索洛悖论真实存在，有的文献没有发现 ICT 促进生产率增长的明显证据，因此，应当谨慎评价 ICT 的作用（Aghione et al.，2017）。由此可见，学者对于信息技术的投资能否直接促进生产率仍存在一定分歧。基于此，本章对区域 ICT 资本存量对于生产率变化的影响进行验证，设置计量模型：

$$PRC_{it} = \alpha_0 + \alpha_1 \ln K_{it}^{ICT} + \alpha X_{it} + \varepsilon_{it} \qquad \text{式（4-13）}$$

在式（4-13）中，PRC_{it} 表示区域 i 在时间 t 时生产率的变化；$\ln K_{it}^{ICT}$ 表示区域 i 在时间 t 时的 ICT 资本存量；X_{it} 表示一系列的控制变量；α_1 表示模型研究的核心系数，其正负和显著性可以验证区域经济是否存在索洛悖论。

4.5.1.2　生产率变化计算

早期研究全要素生产率的文献，常用索洛余值法进行计算。根据新古典的索洛经济增长模型，经济增长的来源，一方面，是要素投入；另一方面，是技术进步，学术界一度将这种技术进步带来的经济增长部分称作全要素生产率。例如，柯布—道格拉斯生产函数，Y 为经济产出，$Y = TFP \times K^{\alpha} \times L^{\beta}$。根据此函数，采用计量经济学的最小二乘法回归，估计 K 和 L 的系数为 α 和 β。由此通过 TFP = Y/(Kᵅ × Lᵝ) 可以计算出某一时期的全要素生产率，TFP 的变动等于这一期的 TFP 除以上一期的 TFP。因为这种方法考虑的情形过于简单，加上最小二乘法的各种局限性，所以，目前学术界很少使用这种方法。

在经济学中，技术效率是指，在既定的投入下产出可增加的能力或在既定的产出下投入可减少的能力，通常使用生产前沿分析方法度量技术效率。生产前沿是指，在一定的技术水平下，各种比例投入所对应的最大产出集合。基本假设是，所有进行测算的决策单元可以形成一个生产前沿，效率高低是根据各个决策单元到这个生产前沿距离的远近决定的。随机前沿分析（Stochastic Frontier Analysis，SFA）通过计量模型对前沿生产函数的参数进行统计估计，并在此基础上对技术效率进行测定，这种方法被称为效率评价的统计方法或参数方法。SFA 通过确定前沿生产函数的参数来确定生产前沿面，因此，不同研究对象确定的生产函数各不相同，技术效率的测度具有一定针对性。数据包络分析法（Data Envelope Analysis，DEA）通过求解数学中的线性规划以确定生产前沿面，找到包含所有样本点的外部边界（前沿面），所有的样本点就可以落在前沿面以内并且尽可能接近前沿面，落在前沿面上的样本点代表最优的投入产出组合，技术效率的测定不依靠生产函数的设定，这种方法被称为数学规划方法或非参数方法。

本节采用 DEA – Malmquist 指数，测度地区生产率的变化情况。使用 DEA 测量生产率不需预设生产函数形式，通过对实际观测数据的分析构建生产前沿，对决策单元进行相对有效的评价，避免主观因素的影响。曼奎斯特（Malmquist）生产率指数在 t 期和 t + 1 期的技术参照下，可表示为：

$$M_t(x_{t+1}, \ y_{t+1}, \ x_t, \ y_t) = \frac{D_t(x_{t+1}, \ y_{t+1})}{D_t \ (x_t, \ y_t)} \qquad 式（4 - 14）$$

$$M_{t+1}(x_{t+1}, \ y_{t+1}, \ x_t, \ y_t) = \frac{D_{t+1}(x_{t+1}, \ y_{t+1})}{D_{t+1}(x_t, \ y_t)} \qquad 式（4 - 15）$$

在式（4 - 14）和式（4 - 15）中，x 表示投入向量；y 表示产出向量；D 表示距离函数；M 表示全要素生产率指数。

进一步，基于两期技术下的生产前沿，使用几何平均值表示 t 期到 t + 1 期的 Malmquist 指数（Färe et al.，1994），当 t 期到 t + 1 期的全要素生产率处于增长状态时，该指数大于 1；反之，则该指数小于 1。

$$M(x_{t+1},\ y_{t+1},\ x_t,\ y_t) = \sqrt{\frac{D_t(x_{t+1},\ y_{t+1})}{D_t(x_t,\ y_t)} \times \frac{D_{t+1}(x_{t+1},\ y_{t+1})}{D_{t+1}(x_t,\ y_t)}}$$

式（4 – 16）

将 Malmquist 指数分解为两个时期的技术效率变化（Efficiency Change，EC）和生产技术变化（Technical Change，TC）的乘积。

$$EC = \frac{D_{t+1}(x_{t+1},\ y_{t+1})}{D_t(x_t,\ y_t)}$$

式（4 – 17）

$$TC = \sqrt{\frac{D_t(x_t,\ y_t)}{D_{t+1}(x_t,\ y_t)} \times \frac{D_t(x_{t+1},\ y_{t+1})}{D_{t+1}(x_{t+1},\ y_{t+1})}}$$

式（4 – 18）

在式（4 – 17）中，EC 表示追赶效应，当 t 期到 t + 1 期技术效率提高，EC 的值大于 1 时，表明决策单元的生产更接近生产前沿面。TC 测度 t 期到 t + 1 期技术边界的移动情况，衡量生产进步，代表技术变化，当 TC 的值大于 1 时，出现技术进步，生产前沿面外移。

4.5.1.3　变量选取和数据说明

根据数据可得性和研究需要，以中国的 30 个省（区、市）为研究样本，数据来源于 2003 ~ 2017 年中国各省（区、市）统计年鉴和《中国固定资产投资统计年鉴》，以 2003 年为基期的价格平减。选取的变量有：①被解释变量（PRC），需要的投入产出数据包括，经济产出（Y），采用各省（区、市）生产总值表示；资本投入（K），使用全社会新增固定资产数据，折旧率为 10.96%（单豪杰，2008），计算方法依据前文；劳动投入（L）采用各省（区、市）就业人数进行度量。②核心解释变量使用前文计算的 ICT 服务业资本存量的对数（$\ln K^{ICTb}$）和劳均 ICT 服务业资本存量（rK_{it}^{ICTb}）。ICT 服务业代表互联网行业和信息技术行业，因此，ICT 服务业代表区域新型信息基础设施资本存量，用于研究对生产率变化的影响。③控制变量：城镇化水平（Urb），以城镇人口占总人口的比例表示；开放程度（Open），使用对外直接投资（FDI）占 GDP 的比重表示经济开放程度；受教育水平（Edu），使用人均受教育年限表示，即各省（区、市）人均受教育年限 =（小学人数 ×6 + 初中人数 ×9 + 高中人数 ×12 + 中职 ×12 + 大专及以上 ×16）/6 岁以上人口总数；产业结构（Str），即第二产业占 GDP 的比值。主要变量的描述性统计，如表 4 - 8 所示。

表 4 - 8 主要变量的描述性统计

变量名	变量定义	样本量	均值	标准差	最小值	最大值
Y	经济产出（亿元）	450	5959.328	4636.297	390.200	22158.960
K	资本投入（万元）	450	21128.091	21767.542	538.442	137954.101
L	劳动投入（万人）	450	2569.307	1717.437	282.551	6962.700
lnK^{ICTb}	ICT 服务业资本存量的对数	450	4.747	0.833	1.547	6.823
rK^{ICTb}	劳均 ICT 服务业资本存量（元/人）	450	732.758	543.048	125.538	3815.298
Urb	城镇化水平（%）	450	51.717	14.337	24.772	89.601
Open	开放程度（%）	450	0.428	0.517	0.048	5.799
Edu	受教育水平（年）	450	8.637	1.007	6.040	12.665
Str	产业结构（%）	450	1.105	0.583	0.527	4.894

资料来源：笔者根据本章提及的相关数据应用 Stata 17.0 软件计算整理而得。

4.5.2 实证结果与分析

4.5.2.1 基准回归实证结果

先将本小节的实证模型式（4 - 13）进行固定效应回归和随机效应回归，Hausman 检验支持模型采取固定效应回归，因此，模型控制了地区固定效应和时间固定效应。ICT 服务业资本与生产率变化的回归结果，见表 4 - 9。表 4 - 9 中的结果显示，劳均 ICT 服务业资本存量（rK^{ICTb}）和 ICT 服务业资本存量对数（lnK^{ICTb}）与全要素生产率变化和技术效率变化均为显著负向作用，ICT 服务业资本存量对数对生产技术变化的作用显著为正，而劳均 ICT 服务业资本存量对生产技术变化并无显著作用。这说明，在样本期内，全要素生产率变化与 ICT 服务业资本存量之间存在负相关关系，支持前文提出的索洛悖论。原因可能在于，有形资本过度深化，导致投资边际报酬递减，在短期内无法产生促进作用。在控制变量方面，在样本期内，城市化水平（Urb）对全要素生产率变化具有显著的正向影响，而对生产技术变化有显著的负向影响；样本省（区、市）人均受教育程度（Edu）对全要素生产率变化并没有显著影响，可能的原因在于，我国近年来越来越强调自主研发创新，教育方面也向自主创新倾斜，而这种倾斜在短期内未必能够提升生产率，反而会挤压模仿创新，因此，教育水平总体上对全要素生产率变化没有显著作用（邱子迅和周亚虹，2021）；第二产业占比（Str）对全要素生产率变化和技术效率变化均为显著的正向作用，制造业为生产率的提升提供正向的推动作用，说明如何做大做强制造业是全要素生产率的提升重点；对外开放程度（Open）对全要素生产率变化和技术效率变化并没有显著的影响，而对生产技术变化有显著的正向影响。

表 4 - 9　　　　ICT 服务业资本与生产率变化的回归结果

变量	全要素生产率变化		技术效率变化		生产技术变化	
	（1）	（2）	（3）	（4）	（5）	（6）
rK^{ICTb}	- 0.023 ***		- 0.027 ***		0.005	
	(0.008)		(0.009)		(0.003)	
lnK^{ICTb}		- 0.024 ***		- 0.029 ***		0.006 *
		(0.008)		(0.009)		(0.003)
Urb	0.003 *	0.003	0.004 **	0.004 **	- 0.002 **	- 0.001 **
	(0.001)	(0.002)	(0.001)	(0.002)	(0.001)	(0.000)
Edu	0.001	0.001	0.008	0.009	- 0.008	- 0.007
	(0.015)	(0.015)	(0.016)	(0.016)	(0.006)	(0.006)
Str	0.299 ***	0.296 ***	0.342 ***	0.339 ***	- 0.058	- 0.058
	(0.099)	(0.098)	(0.104)	(0.104)	(0.039)	(0.038)
Open	- 0.008	- 0.009	- 0.013	- 0.015 *	0.007 **	0.007 **
	(0.008)	(0.008)	(0.009)	(0.009)	(0.003)	(0.003)
观测数	450	450	450	450	450	450
R^2	0.554	0.555	0.507	0.509	0.800	0.801
样本数	30	30	30	30	30	30

注：括号内为标准误，＊＊＊、＊＊和＊分别表示在1%、5%和10%的水平上显著。
资料来源：笔者根据本章提及的相关数据应用 Stata 17.0 软件计算整理而得。

4.5.2.2 稳健性检验

为了保证模型估计结果的稳健性，本节对 ICT 服务业资本存量的滞后变量和外生变量进行了稳健性检验。在模型设计上，ICT 服务业资本的作用可能具有滞后性，因此，将解释变量取滞后一期，观察与全要素生产率变化之间的关系。ICT 服务业资本滞后项与生产率变化的回归结果，见表 4 - 10。表 4 - 10 的回归结果与表 4 - 9 的回归结果类似，表明基准回归结果具有稳健性。

表 4 - 10   ICT 服务业资本滞后项与生产率变化的回归结果

变量	全要素生产率变化		技术效率变化		生产技术变化	
L. lnK^{ICTb}	- 0.029 ***		- 0.031 ***		0.003	
	(0.009)		(0.010)		(0.003)	
L. rK^{ICTb}		- 0.028 ***		- 0.029 ***		0.002
		(0.001)		(0.010)		(0.003)
Urb	0.002	0.003 *	0.004 **	0.004 **	- 0.002 **	- 0.002 **
	(0.001)	(0.001)	(0.001)	(0.002)	(0.001)	(0.001)
Edu	0.011	0.011	0.017	0.016	- 0.007	- 0.007
	(0.017)	(0.017)	(0.018)	(0.018)	(0.007)	(0.006)
Str	0.257 **	0.261 **	0.324 ***	0.326 ***	- 0.081 *	- 0.079 *
	(0.109)	(0.109)	(0.115)	(0.116)	(0.043)	(0.043)
Open	- 0.010	- 0.009	- 0.015	- 0.014	0.006 *	0.006 *
	(0.008)	(0.008)	(0.009)	(0.009)	(0.003)	(0.003)
常数	0.877 ***	0.904 ***	0.656 ***	0.677 ***	1.239 ***	1.244 ***
	(0.160)	(0.165)	(0.169)	(0.174)	(0.063)	(0.065)
观测数	420	420	420	420	420	420
R^2	0.506	0.505	0.499	0.498	0.787	0.786
样本数	30	30	30	30	30	30

注：括号内为标准误，***、**和*分别表示在1%、5%和10%的水平上显著。

资料来源：笔者根据本章提及的相关数据应用 Stata 17.0 软件计算整理而得。

进一步地，参考黄群慧等（2019）的研究，将 1984 年各省（区、市）每百人固定电话数与 2003～2017 年全国互联网用户数相乘，构建 2003～

2017 年 ICT 服务业资本的替代变量（ICT_{iv}）。该替代变量的有效性在于，数字经济发展的基础设施是传统通信技术的延续发展，历史上当地的相关基础设施会影响技术水平和使用习惯等，而传统通信工具已被大量替代，因此，具有排他性和外生性。此处主要关注 ICT 服务业资本对全要素生产率变化的影响，因此，仍然采用面板固定效应回归。ICT 服务业资本替代变量与生产率变化的回归结果，见表 4 – 11。表 4 – 11 的回归结果与基准回归结果在符号和显著性上没有什么差别，表明基准回归结果具有稳健性。

表 4 – 11　　　　ICT 服务业资本替代变量与生产率变化的回归结果

变量	全要素生产率变化	技术效率变化	生产技术变化
ICT_{iv}	– 0. 067 ***	– 0. 074 ***	0. 008
	（0. 018）	（0. 019）	（0. 007）
Urb	– 0. 000	0. 000	– 0. 001
	（0. 001）	（0. 001）	（0. 000）
Edu	0. 014	0. 023	– 0. 009
	（0. 015）	（0. 016）	（0. 006）
Str	0. 187 *	0. 216 **	– 0. 039
	（0. 098）	（0. 104）	（0. 039）
Open	– 0. 002	– 0. 007	0. 006 *
	（0. 008）	（0. 008）	（0. 003）
Constant	0. 821 ***	0. 695 ***	1. 142 ***
	（0. 135）	（0. 142）	（0. 053）
观测数	450	450	450
R^2	0. 561	0. 514	0. 800
样本数	30	30	30

注：括号内为标准误，＊＊＊、＊＊和＊分别表示在 1%、5% 和 10% 的水平上显著。
资料来源：笔者根据本章提及的相关数据应用 Stata 17. 0 软件计算整理而得。

4. 5. 2. 3　异质性分析

在基准模型的基础上，加入时间和地区与 ICT 服务业资本存量对数的交互项进行异质性分析，该部分主要分析 ICT 服务业资本对全要素生产率变化的影响。ICT 服务业资本影响的时间差异，见表 4 – 12。表 4 – 12 的结果表明，不同年份下 ICT 服务业资本对全要素生产率的变化影响。整体来看，除 2009 年，ICT 服务业资本存量对全要素生产率的变化影响均显著为负值，验证了基准回归的稳健性。

表 4 - 12　　　　　　　**ICT 服务业资本影响的时间差异**

被解释变量：全要素生产率的变化			
$\ln K^{ICTb}$	-0.029 *** (0.009)		
年份与 ICT 服务业资本存量对数的交互项（year × $\ln K^{ICTb}$）			
2004 年	0.007 ** (0.003)	2011 年	0.001 (0.004)
2005 年	0.010 *** (0.003)	2012 年	0.015 *** (0.004)
2006 年	0.014 *** (0.003)	2013 年	0.016 *** (0.005)
2007 年	0.008 ** (0.003)	2014 年	0.014 *** (0.005)
2008 年	0.001 (0.003)	2015 年	0.012 ** (0.006)
2009 年	0.033 *** (0.003)	2016 年	-0.002 (0.006)
2010 年	0.011 *** (0.003)	2017 年	-0.009 (0.006)
观测数	450		
R^2	0.538		
样本数	30		

注：括号内为标准误，***、** 和 * 分别表示在 1%、5% 和 10% 的水平上显著。
资料来源：笔者根据本章提及的相关数据应用 Stata 17.0 软件计算整理而得。

ICT 服务业资本影响的区域差异，见表 4 - 13。从区域角度看，ICT 服务业资本对全要素生产率的变化影响，可以看到东部地区的回归系数稳定在 -0.035，而中部地区与东部地区并无显著差异，但是，与东部地区相比，西部地区 ICT 服务业资本对全要素生产率的影响显著为正，即与东部地区相比，索洛悖论的作用在西部地区要小得多。

表 4 − 13　　　　　　　　ICT 服务业资本影响的区域差异

被解释变量：全要素生产率的变化	
$\ln K^{ICTb}$	−0.035 ***
	(0.012)
区域与 ICT 服务业资本存量对数的交互项（以东部地区为基准）	
中部地区 × $\ln K^{ICTb}$	−0.002
	(0.016)
西部地区 × $\ln K^{ICTb}$	0.034 **
	(0.016)
观测数	450
R^2	0.561
样本数	30

注：括号内为标准误，＊＊＊、＊＊和＊分别表示在 1%、5% 和 10% 的水平上显著。

资料来源：笔者根据本章提及的相关数据应用 Stata 17.0 软件计算整理而得。

4.6　本章小结

为了研究数字经济对经济绩效的影响和作用，本章通过计算数字经济 ICT 资本存量，实证研究其对经济产出的贡献，之后，检验了 ICT 资本存量对经济增长和全要素生产率的影响。具体的研究结论有以下三点。

（1）在样本期间，全国 ICT 制造业资本存量增长了 8.64 倍，ICT 服务业资本存量增长了 1.22 倍，非 ICT 资本存量增长了 8.98 倍，因为较高的折旧率和无形资本，所以，ICT 有形资本存量的积累速度相对较低，有学者提出 ICT 资本投资不足的观点。各省（区、市）的 ICT 资本存量差异呈现缩小的趋势，但仍然很大。进而，考虑各地区人口规模，构建各地区人均 ICT 资本存量和劳均 ICT 资本存量，进一步分析其与经济发展水平的关系、动态分布状况和区域差异收敛性，结果表明，各地人均 ICT 资本存量和劳均 ICT 资本存量与经济发展水平具有正向、较高的相关性；核密度分析结果表明，在劳均 ICT 制造业资本存量方面有数量增加和离散度减少的情况，而在劳均 ICT 服务业资本存量方面有数量减少和离散度增加的情况；σ 收敛分析结果说明，人均 ICT 资本存量和劳均 ICT 资本存量的收敛性类似，而在 ICT 制造业方面，全国、东部地区和中部地区大致收敛，而西部地区内部处于发散的情况，ICT 服务业方面各地均处于先收敛后发散的情况。

（2）将资本存量分为 ICT 资本和非 ICT 资本，计算 ICT 资本存量对经济产出的贡献率。ICT 资本具有替代效应，是指 ICT 产品价格持续下降，使 ICT 资本对其他资本进行替代，由此产生替代效应。另外，数字技术渗透到社会经济运行的各个环节，与其他要素结合增加协同性，涉及传统产业使用数字技术引进产业效率提升带来的增加值。实证结果显示，ICT 资本对经济产出具有显著的促进作用，产出弹性系数在 0.223 ~ 0.269，即 ICT 资本存量每增加 1%，可以使产出增加 0.223% ~ 0.269%，占总资本存量对经济产出贡献的 27% ~ 30%。而在样本期间，ICT 资本在总资本存量中仅占 2% ~ 3.5%，表明其对经济产出的贡献作用非常显著。在异质性分析方面发现，2005 ~ 2017 年 ICT 资本对经济增长的贡献能力在增加，而在东部地区的贡献作用高于其他地区。

（3）一般而言，数字技术渗透到传统产业，会使产业效率提升，然而，研究表明存在高速 ICT 投资与缓慢增长生产率并存的生产率悖论或索洛悖论。本节计算 2002 ~ 2017 年中国的 30 个省（区、市）的全要素生产率变化情况，验证 ICT 服务业资本存量对全要素生产率的影响，回归结果支持索洛悖论，在使用滞后变量和外生变量更换核心解释变量后，结果仍然稳健。形成上述实证结果的可能原因在于：①ICT 资本没有显示无形资产，此处研究使用的 ICT 服务业资本，其资本大部分都是无形的软件和技术，而计算的有形资本表现为通信设备导致测算方面的误差；②ICT 资本的折旧率高且资本作用的滞后期较长，数字经济需要较长的时间调动社会经济其他方面协同发挥作用；③既有研究显示，资本价格（实际贷款利率）大大低于劳动价格（实际工资增长率和其他福利），这种情况鼓励生产中多用资本、少用劳动，多投有形资本、少投人力资本，导致有形资本过度深化、投资边际报酬递减、投资的盈利程度下降。

第5章　数字经济影响环境绩效的作用机制研究

数字经济是基于数据要素、信息网络和数字技术，通过对各主体赋能而产生的一系列社会经济活动。数字经济通过对原有社会技术系统生产方式、消费方式的改造，实现环境方面的可持续转型。本章着重研究数字经济影响环境绩效的作用机制，厘清数字经济如何形成环境可持续转型的动力。

5.1　数字经济的测度与时空演变特征研究

5.1.1　区域数字经济发展指数的构建

数字经济构成复杂，对数字经济核心产业资本存量的测算并不能完全反映数字经济的整体发展情况与整体应用情况，因此，有必要构建数字经济发展指数，以便从多角度考察数字经济的影响。目前，很多研究机构都构建了综合指数对中国数字经济发展水平进行测算，例如，中国信息通信研究院的中国数字经济指数、腾讯研究院发布的数字中国指数、阿里巴巴和毕马威联合发布的全球数字经济发展指数。学者们也构建了相关的数字经济指标，以方便研究。

本章从数字基础设施、社会数字化、数字产业化、数字化融合发展四个角度构建反映区域数字经济发展情况的综合指数。其中，数字基础设施反映了区域数字化的基础硬件情况，通过长途光缆密度、人均移动电话交换机容量和人均互联网宽带接入端口数衡量；社会数字化反映了数字化与地区社会经济的融合程度，通过互联网普及率、移动电话普及率和数字普惠金融指数衡量；数字产业化反映了区域数字化发展的产业支撑，通过数字产业就业人员在城镇单位就业人员的占比、数字产业固定资产投资在全社会固定资产投资的占比和数字产业收入在地区生产总值的占比衡量；数字化融合反映了数字技术对其他产业的渗透和融合，是数字化的重要内涵，通过人均快递业务量、产业数字化融合和地方政府数字关注度反映。以上指标都是正向指标，本章使用人均指标或者百分比指标以消除地区规模效应，考虑科学性、综合性和可操作性等原则设计，使用熵权法计算各地区的数字经济发展水平。数字经济发展水平指标体系，见表5-1。

表5-1 数字经济发展水平指标体系

二级指标	三级指标	计算方式	指标解释
数字基础设施	长途光缆密度	光缆长度/国土面积	反映光纤基础设施投资建设情况
	人均互联网宽带接入端口数	互联网宽带接入端口/常住人口	反映互联网接入设备建设水平
	人均移动电话交换机容量	移动电话交换机容量/常住人口	反映移动接入设备建设水平
社会数字化	互联网普及率	宽带使用户数/常住人口	反映互联网使用水平
	移动电话普及率	每百人移动电话用户数	反映移动互联网使用水平
	数字普惠金融指数	北京大学数字普惠金融指数	反映数字金融普及程度
数字产业化	数字产业固定资产投资占比	信息传输、软件和信息技术服务业固定资产投资占全社会固定资产投资比重	反映数字产业投资力度
	数字产业就业人员占比	信息传输、软件和信息技术服务业从业人数占城镇单位就业人员的比重	反映数字人才储备规模
	数字产业收入占比	电信收入和软件收入占地区生产总值比重	反映数字产业营收能力

续表

二级指标	三级指标	计算方式	指标解释
数字化融合	产业数字化融合	利用 Python 软件进行文本分析，计算上市公司年报数字化关键词在总词数中的占比，合成至省级层面	反映当地非数字核心产业的数字化程度
	人均快递业务量	快递业务量/常住人口	反映当地商业与数字经济的融合情况
	地方政府数字关注度	利用 Python 软件进行文本分析，计算中国的各省（区、市）相关年份政府工作报告中数字经济关键词在总词数中的占比	反映政府重视数字经济发展程度

资料来源：笔者根据相关研究整理而得。

　　数据来源于《中国统计年鉴》《中国高技术产业统计年鉴》《北京大学数字普惠金融指数报告》、上市公司年报和各省（区、市）政府工作报告，选取中国的 30 个省（区、市）为研究样本，对涉及当年名义值的指标使用 GDP 平减指数或资产价格指数，以 2011 年为基期进行处理。为降低数据误差对实证分析的影响，本章将研究时间跨度设定为 2011～2020年，原因在于：①2010 年以后，新一代数字技术和信息技术，例如，5G、物联网、云计算、大数据等有了飞速发展和应用；②为了政策影响和统计上的一致性，数字核心产业在 2010 年被认为是战略性新兴产业，在2011 年中国规模以上工业企业的统计口径曾发生变更；③2011 年以后，表现数字经济情况的指标和数据较全，数据可选择范围大。

5.1.2　研究方法

5.1.2.1　熵权法与线性组合法

　　熵权法属于客观赋权的一种方法，主要功能是对综合评价指标体系中的各个基础指标进行赋权。线性组合法是利用熵权法赋予的权重信息，构造一个合成单一指数的测算公式。两种方法的有机结合，已成为求取评价指数的常用做法。使用熵权法进行赋权的好处在于，能有效地避免人为赋权过程中的主观性，克服并解决指标体系中复合指标间信息交叉、信息叠加等问题。

采用极差法对原始数据进行标准化处理，以便后续对比处理，假设 F_{tj} 是 t 年 j 指标的标准化值：

当 F_{tj} 为正向指标时， $\quad F_{tj} = \dfrac{E_{tj} - E_{min}}{E_{max} - E_{min}}$；

当 F_{tj} 为负向指标时， $\quad F_{tj} = \dfrac{E_{max} - E_{ti}}{E_{max} - E_{min}}$。

其中，t 表示年序号；j 表示指标序号；E_{tj} 表示 t 年 j 指标的原始值；E_{max} 表示 j 指标中的最大值；E_{min} 表示 j 指标中的最小值。

各类指标数据是面板数据，在使用熵权法确定各指标权重时需要同时考虑时间因素和个体数量因素。

$$e_j = -\frac{1}{\ln(n \times m)} \sum_t \left(\frac{F_{tj}^*}{\sum_t F_{tj}^*} \ln \frac{F_{tj}^*}{\sum_t F_{tj}^*} \right)$$

$$w_j = \frac{1 - e_j}{\sum_j (1 - e_j)}$$

在进行对数处理时，为了避免出现 0 值，在 F_{tj} 上加极小值 0.0001 得到 F_{tj}^*。考虑到本章研究的时间段为 2011～2020 年，在此，n = 10 表示统计的年份数；m 表示参与研究的个体数，在此，m = 30；w_j 表示 j 指标的权重。由此，得到 t 年的综合指数 D_t。

$$D_t = \sum_j w_j F_{tj} \qquad\qquad 式 (5-1)$$

经计算，可以得到数字经济的综合指数 D_{it}。

5.1.2.2 核密度估计法

进一步地，对 ICT 资本存量进行核密度估计，由此分析其分布在样本期内的动态演进趋势。核密度估计是一种非参数估计方法，稳健性强，模型依赖性弱，常被应用于空间非均衡分析。它通过平滑的峰值函数拟合样本数据，用密度曲线描述随机变量的分布形态，

$$f(x) = \frac{1}{Nh} \sum_{i=1}^{N} K\left(\frac{X_i - x}{h}\right) \qquad 式（5-2）$$

在式（5-2）中，N 表示观测值数量；X_i 表示独立同分布的观测值；x 表示观测值的均值；K 表示核密度；h 表示带宽。通过观察核密度估计曲线，可以观测到随机变量的分布位置、形态、延展性等。其中，K 满足以下条件：

$$\begin{cases} \lim_{n \to \infty} K(y) \times y = 0 \\ K(y) \geq 0; \int_{-\infty}^{+\infty} K(y)dy = 1 \\ \sup K(y) < +\infty; \int_{-\infty}^{+\infty} K^2(y)dy < +\infty \end{cases}$$

5.1.2.3　差异度与来源分解

一般采用达格姆（Dagum）基尼系数及分解方法进行差异度分析。根据达格姆（Dagum，1997）的研究思路，设省（区、市）样本个数为 n，区域个数为 k，达格姆基尼系数及分解形式如下：

$$G = \frac{\Delta}{2\overline{Y}} = \frac{\sum_{j=1}^{k} \sum_{h=1}^{k} \sum_{i=1}^{n_j} \sum_{i=1}^{n_r} |y_{ji} - y_{hr}|}{2n^2\overline{Y}} \qquad 式（5-3）$$

在式（5-3）中，Δ 表示总体基尼系数平均差，$\overline{Y}$ 表示指数均值，y_{ji}（y_{hr}）表示地区 j（h）内第 i（r）个样本的耦合协调度，n_j（n_r）表示区域 j（r）内的样本个数。

同理，区域 j 的组内基尼系数 G_{jj} 表示为：

$$G_{jj} = \frac{\Delta}{2\overline{Y}_j} = \frac{\sum_{i=1}^{n_j} \sum_{i=1}^{n_r} |y_{ji} - y_{hr}|}{2n^2\overline{Y}_j} \qquad 式（5-4）$$

区域 j 和区域 h 的组内基尼系数 G_{jh} 表示为：

$$G_{jh} = \frac{\Delta_{jh}}{(\overline{Y}_j + \overline{Y}_h)} = \frac{\sum_{i=1}^{n_j} \sum_{i=1}^{n_r} |y_{ji} - y_{hr}|}{n_j n_h (\overline{Y}_j + \overline{Y}_h)} \qquad 式（5-5）$$

为了揭示差异来源与贡献率，将总体基尼系数 G 分解为组内差异 G_w、组间净差异 G_{nb} 和反映地区样本间重叠差异的超变密度 G_t，满足 G = $G_w + G_{nb} + G_t$。计算公式为：

$$G_w = \sum_{j=1}^{k} G_{jj} p_j s_j \qquad \text{式 (5-6)}$$

$$G_{nb} = \sum_{j=2}^{k} \sum_{h=1}^{j-1} G_{jh}(p_j s_h + p_h s_j) D_{jh} \qquad \text{式 (5-7)}$$

$$G_t = \sum_{j=2}^{k} \sum_{h=1}^{j-1} G_{jh}(p_j s_h + p_h s_j)(1 - D_{jh}) \qquad \text{式 (5-8)}$$

对样本的指数均值排序，要求 $\overline{Y}_1 \leqslant \overline{Y}_2 \leqslant \cdots \leqslant \overline{Y}_k$。定义 $p_j = n_j/n$；$s_j = n_j \overline{Y}_j/n\overline{Y}$；$D_{jh} = (d_{jh} - p_{jh})/(d_{jh} + p_{jh})$。$d_{jh}(p_{jh})$ 表示区域组间指数的差值，表示区域 j 和区域 h 中所有 $y_{ji} - y_{hr} > 0$（或 $y_{ji} - y_{hr} < 0$）的数学期望，D_{jh} 表示区域 j 和区域 h 之间的交互作用，$F_j(F_h)$ 表示区域 j(h) 的累计密度分布函数。

$$d_{jh} = \int_0^\infty dF_j(y) \int_0^y (y-x) F_h(x) \qquad \text{式 (5-9)}$$

$$p_{jh} = \int_0^\infty dF_h(y) \int_0^y (y-x) F_j(x) \qquad \text{式 (5-10)}$$

5.1.2.4 空间相关性模型

中国区域发展在空间上具有较强的集聚性，需要对数字经济发展指数的空间特征进行检验。Moran's I 是空间计量经济学中常用于测量空间自相关的指数，其计算公式如下：

$$\text{Moran's I} = \frac{\sum_{i=1}^{n} \sum_{j=1}^{n} (D_i - \overline{D})(D_j - \overline{D})}{S^2 \sum_{i=1}^{n} \sum_{j=1}^{n} W_{ij}} \qquad \text{式 (5-11)}$$

在式 (5-11) 中，$S^2 = \sum_{i=1}^{n} (D_i - \overline{D})^2/n$；$\overline{D} = \sum_{i=1}^{n} D_i/n$；$D_i$ 表示第 i 个地区的数字经济发展指数；n 表示地区总数；W 表示空间权重矩阵（Spatial Weighting Matrix，SWM），通常为空间邻接权重矩阵、地理距离空间权重矩阵和经济距离空间权重矩阵。Moran's I 是按年计算的，因此，在此默认没有时间。当指数正态统计量的 Z 值均大于正态分布函数在 0.05（0.01）水平上的临界值 1.65（1.96）时，表明区域指数在空间分布上具有明显的正相关，正的空间相关代表相邻地区的类似特征值出现集群趋势。

根据研究需要，构建三种空间权重矩阵，第一种为邻接空间权重矩阵，若邻接空间权重矩阵（W_1）的元素 W_{ij} 在空间单元 i 和空间单位 j 相邻，取值为 1；若不相邻，则取值为 0。第二种是地理距离空间权重矩阵，地理距离空间权重矩阵（W_2）采用地理距离平方的倒数表示，地理距离以省会（首府）城市之间的球面距离测量，即两个城市之间距离越近，赋予权重越大。第三种是经济距离空间权重矩阵，以经济距离为测度依据构建矩阵（W_3），选择地区间人均实际地区生产总值的差额倒数作为测度地区间经济距离的指标，两地之间经济水平越接近，赋予数值越大。以上空间权重矩阵的构建方式如下式所示，在使用时需要进行矩阵行标准化处理。

$$W_1 = \begin{cases} 0, & \text{地区不相邻} \\ 1, & \text{地区相邻} \end{cases} \qquad \text{式 (5-12)}$$

$$W_2 = \begin{cases} \dfrac{1}{d_{ij}^2}, & i \neq j \\ 0, & i = j \end{cases} \qquad \text{式 (5-13)}$$

$$W_3 = \begin{cases} \dfrac{1}{|y_i - y_j|}, & i \neq j \\ 0, & i = j \end{cases} \qquad \text{式 (5-14)}$$

5.1.2.5 收敛性模型

本节使用 σ 收敛模型和 β 收敛模型，检验地区数字经济发展指数的时间演变特征。具体而言，σ 收敛的经济含义在于，地区数字经济发展指数偏离整体平均水平的差异及差异的动态变化，可用变异系数法进行考察。

$$\sigma_t = \sqrt{\frac{1}{n} \sum_{i=1}^{n} \left(D_{it} - \frac{1}{n} \sum_{i=1}^{n} D_{it} \right)^2} \Bigg/ \frac{1}{n} \sum_{i=1}^{n} D_{it} \qquad \text{式 (5-15)}$$

在式（5-15）中，σ_t 表示 t 时期的 σ 收敛系数，n 表示研究样本省（区、市）的数量，D_{it} 表示 t 时期 i 省（区、市）的数字经济发展水平，当 $\sigma_t < \sigma_{t-1}$ 时，说明 t 时期相对于 t-1 时期趋于收敛；反之，则趋于发散。

β 收敛模型，考察数字经济发展指数较低的地区是否以较快的调整速度赶上数字经济发展指数较高的地区，是否随着时间推移最终趋于一致。基于是否有控制变量，β 收敛分为绝对 β 收敛和条件 β 收敛。其计量模型，见式（5-16）和式（5-17）：

$$\ln(D_{i,t+1}/D_{it}) = \alpha + \beta\ln D_{it} + \mu_t + \varphi_i + \varepsilon_{it} \qquad 式（5-16）$$

$$\ln(D_{i,t+1}/D_{it}) = \alpha + \beta\ln D_{it} + \gamma X_{it} + \mu_t + \varphi_i + \varepsilon_{it} \qquad 式（5-17）$$

在式（5-16）和式（5-17）中，被解释变量为数字经济发展水平的年增长率，核心解释变量为上一期数字经济发展水平的对数，μ_t、φ_i和ε_{it}分别表示时间固定效应、个体固定效应和随机误差项。参数β是核心系数，若其估计值显著为负，则说明数字经济发展指数存在收敛现象。设样本期为 T 年，则收敛速度为 $v = -\ln(1+\beta)/T$。

本小节根据既有研究设置控制变量 X_{it}，具体包括：①经济发展水平（y_{it}），以 2011 年为基期计算样本的实际人均 GDP；②产业结构（Str_{it}），即第二产业产值占 GDP 的比值；③城镇化水平（Urb_{it}），为城镇人口占总人口的比重；④贸易开放程度（$Open_{it}$），使用 FDI 占 GDP 的比重衡量；⑤政府行为（Gov_{it}），使用政府财政支出占 GDP 的比重衡量。控制变量的数据来源是 2011～2020 年《中国统计年鉴》及各省（区、市）的统计年鉴。

5.1.3　数字经济发展指数演变的分布特征

5.1.3.1　数字经济发展指数的基本事实特征

本章使用熵权法测算得到 2011～2020 年中国的 30 个省（区、市）的数字经济发展指数，并将中国的经济区域划分为东部地区、中部地区和西部地区（划分标准与第 4 章一致），计算样本期内全国、各省（区、市）均值和三大区域的均值。2011～2020 年全国及东部地区、中部地区、西部地区数字经济发展指数均值和全国中位数变化趋势，见图 5-1。2020 年中国的 30 个省（区、市）数字经济发展指数分布，见图 5-2。从全国层面上看，2011～2020 年全国数字经济发展指数总体上呈现明显上升趋势，2011 年的均值和中位数分别为 0.087 和 0.071，2020 年这两项指标分别增加至 0.294 和 0.247，这意味着，中国数字经济处于持续增长的过程。从均值上看，全国数字经济发展指数在样本期间增长 239.8%，年均增速 14.67%。

从图 5-1 可以发现，东部地区、中部地区和西部地区数字经济发展指数均值的长期变化趋势，基本上与全国均值保持一致。在样本期内，东部地区数字经济指数均值明显高于中部地区、西部地区和全国均值、全国中位数，中部地区和西部地区的均值低于全国均值、全国中位数，西部地区在数字经济发展指数均值方面略高于中部地区，仅 2020 年中部地区高于西部地区。东部地区的地理资源禀赋、经济发展水平和开放程度等都比中部地区和西部地区高，因此，容易理解在数字经济发展指数上较高的原因。而与直觉不同的是，中部地区有相对较低的数字经济发展水平，说明数字经济的发展与传统经济的发展并不一定完全一致，可以实现弯道超车，实现数字经济的超越式发展。在 2020 年，中部地区大力发展数字经济，相关指数有了大幅提升。然而，中部地区、西部地区与东部地区存在显著差距，2011 年在指数均值上存在将近一倍的差距，随后，每年在减少，然而，在样本期末仍有约 42% 的差距，东部地区的发展速度仍然非常快，中部地区、西部地区需要加快追赶速度。

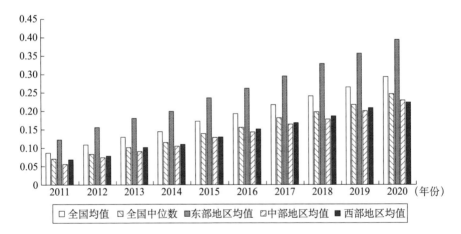

图 5 - 1　2011 ~ 2020 年全国及东部地区、中部地区、西部地区
数字经济发展指数均值和全国中位数变化趋势

资料来源：笔者根据本章提及的数据应用 Office 365 软件整理绘制而得。

图 5 - 2 显示 2020 年中国不同省（区、市）之间数字经济发展指数的差异较为明显。表 5 - 2 展示了 2011 年、2014 年、2017 年和 2020 年全国及 30 个省（区、市）数字经济发展指数的部分结果，使用 ArcGIS 软件的自然

断裂法，将得到的数字经济发展指数划分为四个层次。以 2020 年为例，各省（区、市）数字经济发展指数水平分布差异显著，处于 0.174 ~ 0.715 区间。处于第一梯队的，最高是北京（0.715），之后为浙江、上海和广东，处于第二梯队的是江苏、天津、福建、陕西和四川。随着西部大开发的深入和东数西算工程的开展，除了东部地区外，西部地区四川和陕西数字经济发展得较好，当地的高科技产业和教育基础发挥着重要作用。中部地区大多数省和东部地区少数省（市）处于第三梯队，如，海南、山东、辽宁、河北等，而西部地区大多数省（区、市）数字发展指数处于最低层次。从各省（区、市）数字经济发展指数的期间增长情况来看，河南样本期初水平较低，期间增长 444.06%，河北也是如此，期间增长 377.60%，虽然北京在样本期内始终排名第一，但是，期间增长 135.21%，低于全国平均增长情况（239.80%）。

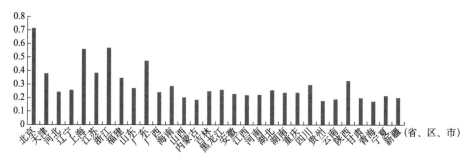

图 5 - 2　2020 年中国的 30 个省（区、市）数字经济发展指数分布

资料来源：笔者根据本章提及的数据应用 Office 365 软件整理绘制而得。

表 5 - 2　　2011 年、2014 年、2017 年、2020 年全国及 30 个省（区、市）数字经济发展指数的部分结果

全国及 30 个省（区、市）	2011 年	2014 年	2017 年	2020 年	期间增长（%）	年均增速（%）
全国	0.087	0.144	0.218	0.294	239.80	14.67
北京	0.304	0.419	0.559	0.715	135.21	10.01
天津	0.101	0.143	0.245	0.381	276.61	16.02
河北	0.051	0.100	0.170	0.244	377.60	19.72
山西	0.050	0.090	0.132	0.203	306.46	17.60

续表

全国及 30 个省（区、市）	2011 年	2014 年	2017 年	2020 年	期间增长（%）	年均增速（%）
内蒙古	0.059	0.110	0.152	0.186	215.20	14.10
辽宁	0.106	0.180	0.222	0.259	145.01	12.37
吉林	0.066	0.112	0.200	0.249	277.79	16.75
黑龙江	0.056	0.123	0.174	0.261	363.12	19.21
上海	0.218	0.349	0.468	0.559	156.58	11.18
江苏	0.114	0.207	0.302	0.385	237.10	14.76
浙江	0.123	0.229	0.409	0.569	363.12	18.92
安徽	0.050	0.098	0.171	0.230	361.17	19.45
福建	0.115	0.189	0.274	0.347	201.61	13.35
江西	0.049	0.089	0.149	0.220	351.84	18.71
山东	0.084	0.140	0.207	0.271	222.20	14.19
河南	0.041	0.099	0.152	0.223	444.06	21.11
湖北	0.074	0.127	0.188	0.258	247.27	15.02
湖南	0.060	0.103	0.167	0.239	299.74	17.23
广东	0.139	0.233	0.342	0.474	241.55	14.78
广西	0.056	0.098	0.156	0.242	333.63	17.91
海南	0.069	0.104	0.191	0.286	315.24	17.81
重庆	0.063	0.109	0.179	0.238	279.91	16.54
四川	0.077	0.147	0.230	0.296	284.40	16.41
贵州	0.053	0.095	0.138	0.177	236.72	15.31
云南	0.073	0.079	0.121	0.190	160.73	12.80
陕西	0.091	0.138	0.212	0.327	260.71	15.55
甘肃	0.044	0.071	0.143	0.200	357.09	21.20
青海	0.059	0.107	0.152	0.174	198.19	13.95
宁夏	0.075	0.120	0.185	0.215	187.00	12.84
新疆	0.078	0.121	0.157	0.200	156.46	11.88

资料来源：笔者根据本章提及的数据应用 Office 365 软件计算整理而得。

5.1.3.2 数字经济发展指数的动态分布

为刻画中国数字经济发展水平的动态分布特征，本章使用非参数核密度估计图展示绝对差异的动态信息。本小节选择 2011 年、2014 年、2017 年和 2020 年四个代表性年份，根据数字经济发展指数的分布位置、态势、延展性和极化趋势等特征，分析中国数字经济发展水平在样本期内的分布动态演进趋势。

全国及东部地区、中部地区、西部地区数字经济发展指数动态分布，见图 5 - 3。图 5 - 3（a）描绘了全国数字经济发展指数动态分布，全国总体数字经济发展指数动态分布曲线中心及其变化区间逐步右移，这说明在样本期内，数字经济发展指数明显增长，这与前文的基本事实特征相符。各年主峰高度逐年下降，曲线宽度明显变宽，其绝对差异存在增加趋势，这说明部分地区增速可能明显加快，中国的 30 个省（区、市）之间呈现激烈的追赶态势，但绝对值的分化程度有所加剧。同时，分布曲线有明显的右拖尾情况，延展性逐渐变大，这意味着数字经济发展水平低的地区与全国平均水平呈现持续扩大趋势。在极化趋势上，指数分布经历了从多峰到单峰的变化过程，但侧峰与主峰之间的高度差距较大，表示梯度效应在逐渐减小。近年来，随着数字经济的高速发展，在政策和资金上均得到了巨大倾斜，但是，各省（区、市）间仍存在明显差异，这种分化在短期内难以改变。

图 5 - 3（b）、图 5 - 3（c）和图 5 - 3（d）分别描绘了中国的东部地区、中部地区和西部地区数字经济发展指数动态分布。就曲线的分布位置演变来看，随着时间推移，三大区域的曲线主峰中心线的右移特征明显，说明各区域在样本期内数字经济发展指数明显增长。就曲线分布形态和延展性变迁来看，东部地区核密度估计曲线波峰高度逐年下降，曲线宽度明显变宽，其绝对差异存在增加趋势，东部地区部分省（市）增速存在明显加快，表明东部地区各个省（市）之间呈激烈的追赶态势，但绝对值的分化程度加剧。与东部地区类似，西部地区曲线波峰高度逐年下降，曲线宽度明显变宽，其绝对差异存在增加趋势。中部地区的拖尾情况不明显，各个考察时间出现跳跃式变

化，从较为陡峭的单峰演变到较为平缓的双峰，梯度效应较为明显，2020 年侧峰和主峰的高度相差不大，略微向左侧延展，说明中部地区内部差异相对减少。

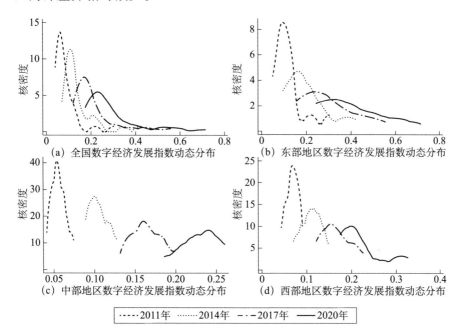

(a) 全国数字经济发展指数动态分布　　(b) 东部地区数字经济发展指数动态分布

(c) 中部地区数字经济发展指数动态分布　(d) 西部地区数字经济发展指数动态分布

------ 2011年　⋯⋯ 2014年　– – 2017年　—— 2020年

图 5 - 3　全国及东部地区、中部地区、西部地区数字经济发展指数动态分布

资料来源：笔者根据本章提及的数据应用 Stata 17.0 软件整理绘制而得。

5.1.3.3　空间集聚特征

为考察数字经济发展指数的空间集聚特征，利用 5.1.2.4 小节介绍的 Moran's I 计算方法进行实证检验。为了深入分析其空间关联特征，本节计算 2011 ~ 2020 年中国不同空间权重矩阵下数字经济发展指数的全局 Moran's I 值，见表 5 - 3。表 5 - 3 的结果显示了空间邻接权重矩阵、地理距离空间权重矩阵和经济距离空间权重矩阵下的数字经济发展指数的 Moran's I 值及其显著性和 Z 值。可以发现，在空间邻接权重矩阵下，最初四年并没有显示出空间集聚特征；在地理距离空间权重矩阵下，2011 ~ 2015 年（除 2012 年）没有空间集聚特征；在经济距离空间权重矩阵下，各年的 Moran's I 值均具有经济集聚特征。而且，随着时间演进，各矩阵下的 Moran's I 值呈现波动上升的特征，显示出集聚性增大的趋势。空间邻接权重矩阵和地理距离空间权重矩阵下的 Moran's I 值变化的原因在于，不同地区在样本初期的数字经济规模较小，没有受到其他地区发展的影响，随着数字经济发展水平的提高，地区之间的影响开始显著并不断增大。经济距离空间权重矩阵下 Moran's I 值变化的原因是，数字经济发展水平与经济水平具有一定联系，因此，从样本期初就表现出较强的集聚性。

表 5 – 3　　　　2011～2020 年中国不同空间权重矩阵下数字经济发展指数的全局 Moran's I 值

空间矩阵	2011 年	2012 年	2013 年	2014 年	2015 年
空间邻接权重矩阵	- 0. 003 (0. 756)	0. 023 (1. 375)	0. 006 (0. 95)	0. 025 (1. 413)	0. 053 ** (2. 055)
地理距离空间权重矩阵	0. 148 (1. 480)	0. 182 ** (1. 694)	0. 093 (0. 978)	0. 101 (1. 035)	0. 155 (1. 412)
经济距离空间权重矩阵	0. 294 ** (2. 218)	0. 346 *** (2. 461)	0. 284 ** (2. 025)	0. 321 ** (2. 238)	0. 374 *** (2. 505)
空间矩阵	2016 年	2017 年	2018 年	2019 年	2020 年
空间邻接权重矩阵	0. 063 ** (2. 279)	0. 073 *** (2. 508)	0. 074 *** (2. 528)	0. 079 *** (2. 641)	0. 078 *** (2. 628)
地理距离空间权重矩阵	0. 208 ** (1. 788)	0. 291 *** (2. 41)	0. 341 *** (2. 766)	0. 354 *** (2. 858)	0. 433 *** (3. 425)
经济距离空间权重矩阵	0. 434 *** (2. 847)	0. 488 *** (3. 192)	0. 523 *** (3. 386)	0. 532 *** (3. 428)	0. 553 *** (3. 545)

注：*** 和 ** 分别表示在 1% 和 5% 的显著性水平上显著，括号内为 Z 值。
资料来源：笔者根据本章提及的相关数据应用 Stata 17.0 软件计算整理而得。

5.1.4　中国数字经济指数的空间差异及其来源

5.1.4.1　总体差异

Dagum 基尼系数部分结果，见表 5 – 4。从表 5 – 4 呈现的演变趋势可以发现，在样本期内，总体基尼系数 G 呈现下降趋势，整体下降了 23.55%。就变化过程而言，中国数字经济发展差异的最大值出现在期初 2011 年（0.276），最小值出现在期末 2020 年（0.211），最初下降较快，但从 2017 年开始出现平台期，呈趋缓波动。结合以上信息可以看出，总体上，数字经济发展差异处于下降趋势，说明各省（区、市）之间的数字经济发展水平趋同。主要原因在于，近些年，中国各地较重视的数字经济产业培育、产业建设和产业推广，以及全国范围内的均衡发展政策方面有很大成效，各地互相学习，存在相关知识和相关技术的溢出。然而，后面几年的差异程度变化不大，说明各地都在积极发展，后发者还没有能力改变相互之间的差距。

表 5 - 4　　　　　　　　　Dagum 基尼系数部分结果

年份	总体基尼系数 G	区域内差异			区域间差异		
		东部地区	中部地区	西部地区	东—中	东—西	中—西
2011	0.276	0.265	0.099	0.112	0.405	0.344	0.129
2012	0.270	0.246	0.095	0.104	0.384	0.360	0.105
2013	0.244	0.230	0.053	0.087	0.368	0.325	0.089
2014	0.245	0.242	0.070	0.113	0.337	0.330	0.098
2015	0.235	0.216	0.049	0.118	0.316	0.332	0.092
2016	0.227	0.212	0.066	0.113	0.313	0.309	0.095
2017	0.222	0.212	0.070	0.102	0.301	0.308	0.091
2018	0.221	0.209	0.061	0.096	0.315	0.303	0.084
2019	0.211	0.206	0.062	0.088	0.296	0.294	0.078
2020	0.211	0.197	0.044	0.113	0.270	0.304	0.097

注：总体基尼系数 G 为全国整体的基尼系数，反映总体差异；之后依次为东部地区、中部地区和西部地区所包含省份的基尼系数；东—中是指，中国东部地区与中部地区之间的基尼系数，东—西是指中国东部地区与西部地区之间的基尼系数；中—西是指，中国中部地区与西部地区之间的基尼系数。

资料来源：笔者根据计算数据应用 2022 版 R 软件计算整理而得。

5.1.4.2　区域内差异

全国总体差异及东部地区、中部地区、西部地区三大区域内差异演变趋势，见图 5 - 4。从样本期内基尼系数的走势来看，东部地区内差异的演变趋势与全国总体差异类似，说明在东部地区的省（市）内有全国的较大值和较小值，造成区域内基尼系数高于其他区域，但是，没有超过全国总体基尼系数差异水平。2011~2016年区域内差异下降较大但仍低于全国总体差异水平,2017年之后,略低于全国总体差异水平且呈现明显下降。中部地区内差异和西部地区内差异较小,说明区域内部各省份差异不大。中部地区内差异最小,2011~2015年差异度呈下降趋势,2015~2017年略微上升,2018~2020年继续下降,期间下降64.79%。虽然西部地区内差异较小,但是,在样本期内大于中部地区,各个年份波动较大,显示出"上升—下降—上升"的波动变化,期初和期末差异值与期初相比略微增大。由图5-4可知,样本期内三大区域内基尼系数走势曲线均未出现交叉,由上而下为全国、东部地区、西部地区和中部地区,可见,东部地区内各省(市)差异最大。

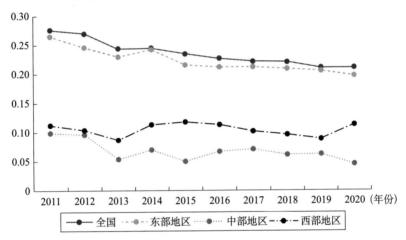

图5-4　全国总体差异及东部地区、中部地区、西部地区三大区域内差异演变趋势
资料来源:笔者根据本章提及的数据应用 Office 365 软件计算整理绘制而得。

5.1.4.3　区域间差异

中国东部地区、中部地区、西部地区三大区域间差异演变趋势,见图5-5。对不同地区进行两两对比,区域间差异的测量结果,见表5-4的最后3列。整体上,中部地区与西部地区的区域间差异小于东部地区与其他地区的区域间差异。所有地区的区域间差异都在缩小,但在绝对值上,东部地区与其他地区存在显著差异,东部地区和中部地区的差异度在期间最大,2011年的区域间差异度最高(0.405),样本期内区域间下降幅度较大，为 33.33%，最终比东部地区和西部地区的区域间差异小；中部地区和西部地区间的差异度最小，期末与期初相比，差异度下降了 24.11%，说明中部地区和西部地区在数字经济发展上的一致性。东部地区与西部地区的区域间差异仅下降 11.62%，期初 4 年比东部地区和中部地区的区域间差异小，虽然差异在缩小，但与其他组别相比，样本期内后段始终处于较高的差异水平上。

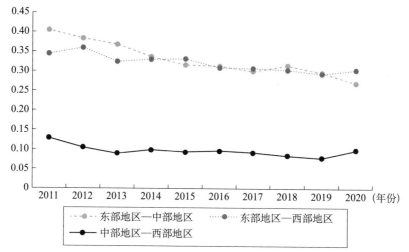

图 5 - 5 中国东部地区、中部地区、西部地区三大区域间差异演变趋势
资料来源：笔者根据本章提及的数据应用 Office 365 软件计算整理绘制而得。

5.1.4.4 差异来源及其贡献

根据 Dagum 基尼系数分解公式，本小节将总体基尼系数 G 分解为区域内差异 G_w、区域间差异 G_{nb} 和超变密度 G_t。Dagum 总体基尼系数差异分解结果，见表 5 - 5。在样本期间，G_w 贡献率从 25.42% 下降至 24.69%，说明样本期间区域内差异对总体基尼系数 G 的贡献在下降，G_{nb} 的贡献率从 17.11% 上升到 42.39%，G_t 贡献率从 57.47% 下降到 41.66%，说明组间净差异增加且重合程度下降。2020 年，全国数字经济发展水平的差异来源主要为区域间净差异，之后为区域内差异，最后为超变密度。根据分解式可知，G_t 和 G_{nb} 是根据组间差异的分解，因为期间 G_w 变化不大，所以，两者变化相反。

表 5 - 5　　　　　　　　　Dagum 总体基尼系数差异分解结果

年份	总体基尼系数 G	贡献值			贡献率（%）		
		G_w	G_{nb}	G_t	G_w	G_{nb}	G_t
2011	0.276	0.070	0.047	0.159	25.42	17.11	57.47
2012	0.270	0.065	0.059	0.145	24.25	22.00	53.75
2013	0.244	0.056	0.065	0.123	23.09	26.51	50.40
2014	0.245	0.063	0.070	0.112	25.53	28.69	45.77
2015	0.235	0.057	0.082	0.096	24.05	34.99	40.95
2016	0.227	0.056	0.089	0.082	24.89	39.01	36.10
2017	0.222	0.055	0.098	0.069	24.98	44.04	30.99
2018	0.221	0.054	0.110	0.056	24.64	49.82	25.54
2019	0.211	0.053	0.116	0.042	24.96	55.19	19.84
2020	0.211	0.052	0.126	0.033	24.69	59.50	15.81

资料来源：笔者根据本章提及的数据应用 2022 版 R 软件计算整理而得。

5.1.5　中国数字经济发展指数收敛性分析

本小节在差异性分析的基础上，对数字经济发展指数进行收敛性分析，运用 σ 收敛，从绝对值上检验差异趋势是否趋于收敛，运用绝对 β 收敛和条件 β 收敛，检验数字经济发展水平较低的地区是否以较快的速度追赶且改善。

5.1.5.1　σ 收敛分析

基于 5.1.2.5 小节说明的 σ 收敛概念和变异系数计算公式，见式（5 - 15）。2011 ~ 2020 年全国及三大区域的数字经济发展指数 σ 收敛结果，见表 5 - 6。由表 5 - 6 可知，从全国层面上看，变异系数呈明显下降趋势，在样本期下降 30.28%，意味着支持 σ 收敛假说。从区域层面上看，东部地区和中部地区，接受 σ 收敛假说；西部地区的变异系数总体上升，期末比期初高 48.81%，波动较为频繁，因此，拒绝 σ 收敛假说。

表 5 - 6　　**2011～2020 年全国及三大区域的数字经济发展指数 σ 收敛结果**

年份	全国	东部地区	中部地区	西部地区
2011	0.634	0.382	0.197	0.168
2012	0.603	0.356	0.199	0.222
2013	0.540	0.350	0.103	0.154
2014	0.540	0.386	0.140	0.192
2015	0.498	0.340	0.097	0.252
2016	0.480	0.346	0.132	0.206
2017	0.474	0.342	0.139	0.213
2018	0.472	0.330	0.121	0.190
2019	0.454	0.330	0.121	0.197
2020	0.442	0.310	0.087	0.250
是否收敛	是	是	是	否

资料来源：笔者根据本章提及的数据应用 Stata 17.0 软件计算整理而得。

5.1.5.2　β 收敛分析

（1）绝对 β 收敛估计。2011～2020 年全国及三大区域数字经济发展指数 β 收敛估计结果，见表 5 - 7。表 5 - 7 的奇数列分别呈现了全国、东部地区、中部地区和西部地区数字经济发展指数的绝对 β 收敛估计结果。从全国层面上看，数字经济发展指数的 β 估计系数在 1% 的显著性水平上显著为负，支持绝对 β 收敛假说，平均每年收敛速度为 2.05%，说明落后省（区、市）在快速追赶。从区域层面上看，东部地区、中部地区和西部地区的省（区、市）内部存在绝对 β 收敛，每年的收敛速度为 1.34%、10.79% 和 7.17%，中部地区省的收敛速度超过东部地区的省（市）和西部地区的省（区、市）。从收敛速度上看，东部地区内部的收敛速度低于全国、中部地区内部和西部地区，中部地区内部和西部地区内部收敛速度高，说明东部地区内部省（市）的均衡发展趋势不如中部地区发展趋势和西部地区发展趋势。

表 5 - 7   2011～2020 年全国及三大区域数字经济发展指数 β 收敛估计结果

变量	全国		东部地区		中部地区		西部地区	
	(1)	(2)	(3)	(4)	(5)	(6)	(7)	(8)
β	-0.186***	-0.268**	-0.125**	-0.156	-0.660**	-0.766***	-0.512**	-0.567***
	(0.067)	(0.107)	(0.052)	(0.089)	(0.210)	(0.139)	(0.162)	(0.149)
lny		0.038*		0.023		0.092***		0.105**
		(0.019)		(0.029)		(0.024)		(0.039)
Str		0.046		0.019		0.016		-0.071
		(0.032)		(0.092)		(0.040)		(0.085)
Urb		-0.001		-0.000		-0.000		-0.006*
		(0.001)		(0.001)		(0.002)		(0.003)
Open		0.000		0.002		0.116***		0.074
		(0.016)		(0.011)		(0.034)		(0.080)
Gov		0.096*		0.100		0.338**		0.034
		(0.055)		(0.078)		(0.115)		(0.086)
观测数	270	270	108	108	81	81	81	81
R²	0.145	0.202	0.205	0.225	0.374	0.551	0.310	0.403
样本数	30	30	12	12	9	9	9	9

注：括号内为标准误，***、**和*分别表示在1%、5%和10%的水平上显著。

资料来源：笔者根据本章提及的数据应用 Stata 17.0 软件计算整理而得。

(2) 条件 β 收敛检验。进一步地，考虑地区的人均 GDP、产业结构、城镇化水平等因素后，表 5 - 7 的偶数列呈现了全国、东部地区、中部地区和西部地区的条件 β 收敛估计结果。与绝对 β 收敛估计结果相比，在数值上有了相应提高，说明 β 收敛机制的稳健性。从全国层面上看，在5%的显著性水平上显著为负，因此，存在条件 β 收敛机制。从区域层面上看，控制了社会经济的一系列异质性后，除东部地区外，其他地区条件 β 收敛估计的结果和显著性水平与绝对 β 收敛一致，中部地区省和西部地区省（区、市）以更快的速度收敛。

5.2　数字经济影响环境绩效的实证研究

5.2.1　数字经济影响环境绩效的机制理论

本小节将环境绩效定义为环境污染状况，使用各种污染物的排放情况表示，当污染物减少时环境绩效提升；否则，环境绩效降低。既有研究表明，科技创新、环境规制、排放权交易、生产要素、产业结构、主体行为策略等因素，都会影响可持续转型的环境绩效。环境库兹涅茨曲线[①]理论认为，除了人均收入水平以外，规模效应、技术效应和结构效应是影响环境污染的关键因素。数字经济影响经济规模，促进经济产出，可能导致污染物作为生产的副产品随之增加，从而加剧环境污染。然而，数字技术是通用技术，作为技术冲击改变社会经济的通信基础，对社会技术系统进行数字化改造，通过嵌入基础设施、经济结构、技术、制度等，对不可持续模式进行影响和改造。从整体来看，数字经济会通过要素配置、结构调整、治理赋能和技术创新的作用影响环境绩效。

5.2.1.1　数字经济的要素配置效应

随着数字经济的发展，要素禀赋条件的约束不断弱化，在数字化情境下，要素流动更加顺畅，数字经济通过缓解要素市场扭曲及提升产品市场化改善资源配置效率，降低要素错配。数字经济改变了生产要素的流动性和流动成本，使要素快速配置到效用最大化的地方。新一代信息技术降低了生产要素的流动成本，平台经济提高了资源匹配度，数字应用拓展了要素的资源约束。数字技术的应用可以优化生产流程、生产计划、资源配置、能耗管理等，通过智慧生产和智慧物流提升资源利用效率，减少污染排放。数字经济中的无人化、无纸化和远程化应用，使传统要素资源能够以更低的成本配置到更合理的生产中。

5.2.1.2　数字经济的结构优化效应

产业结构影响可持续转型，高碳经济系统往往存在较高比例的高碳产业。固定资产在投资初期的各项决策已经在很大程度上决定了污染排放的密集程度，不可避免地限制了生产方式和生产技术向更绿色环保的方向转

---

① 环境库兹涅茨曲线（EKC）揭示了环境质量和人均收入之间的关系（Panayoutou，1993），是指环境质量随着人均收入水平的增加而恶化，当人均收入水平上升到一定程度后，又随着人均收入水平的增加而改善的情况。环境库兹涅茨曲线提出后，环境质量与人均收入关系的理论探讨不断深入，丰富了对该曲线的理论解释。

变。第二产业的发展高度依赖于固定资产投资，生产部门中90%以上的碳排放和碳污染来自第二产业。总体来看，第二产业投资（含固定投资）规模的扩张不利于环境维度的可持续转型，产业结构优化升级可以改进环境绩效。从微观上看，产业结构升级是依靠技术进步，促进产业内企业转型升级，提高企业生产效率。从宏观上看，产业结构升级是促进资源在不同部门之间合理流动配置，使经济增长方式由资源密集型向知识密集型转变，以创新驱动实现经济高质量发展。数字经济内不断涌现的新产业、新业态、新模式，为中国产业结构升级提供了机遇。

5.2.1.3 数字经济的治理赋能效应

环境污染存在负的外部性，会扭曲市场效率。为了将环境影响的外部性内部化，采取的策略包括直接的命令控制和间接的经济激励、从终端效果治理回溯到全过程排放治理、改变环境治理制度等，以达到提升环境绩效的结果。数字化是数字经济发展的必然过程，也提供了制度嵌入的机会空间。首先，数字经济具有调整和改进社会经济中各种关系和行为的能力。数字技术可成为政府与社会主体的中间媒介和黏合因素，影响制度性工具和行政性工具对治理场域进行重构。例如，数字接入设施的广覆盖及设备使用的低门槛，使数字接入鸿沟不断缩小，推动以网络公众为主体的非正式环境规制形成，优化社会经济系统与生态环境系统的关系，重塑环境治理格局。其次，依托数字技术，建立留痕化、便捷化的赋能机制，改变传统环境治理效率。例如，基于传感器、智慧设备、通信平台等数字基础设施，可以为政府推动区域绿色低碳发展提供技术支持和政策决策支持。最后，数字化驱动的环境绩效智能监控能促进环境绩效提高。例如，数字技术与制造场景融合，收集污染物排放的大数据，利用数字孪生技术模拟排放产生的流程，从而对污染物排放进行有效的预测和控制。

5.2.1.4 数字经济的技术创新效应

既有研究认为，新技术的使用和吸收能力直接决定了绩效结果。因此，数字技术创新吸收能力不足和绿色技术使用不足被认为是发展中国家数字技术创新未能减少污染排放的原因。数字经济作为技术创新、服务创新和业态创新最活跃的领域，在移动互联网、大数据、云计算、物联网、人工智能等技术推动下，已进入技术快速渗透、产业深度集聚、平台全面融合的新阶段，催生出的新产品、新业态、新模式，为绿色技术运用带来机会窗口期。数字经济通过技术创新影响环境绩效，主要有两条路径：第一，数字技术向产业内部渗透，对产业的污染治理策略与能源管理模式进行优化升级，还可以基于传感器实现企业部门及生产设备的联通和通信，实时动态采集与企业排污活动密切相关的各类要素及能源等信息，优化能源结构及使用效率，实现节能减排；第二，数字技术推动创新主体之间的联结、创新协作及知识共享，产生了数字技术赋能作用。例如，数字经济的发展可以实现城市创新能力提升，通过人才集聚和科技金融供给提升城市创新环境，加速城市数字化转型与创新进程，进而催化技术创新，实现减排效应。

5.2.1.5 理论框架和研究假设

数字经济影响环境绩效的理论框架，见图 5 - 6。本章提出以下五个研究假设。

H5 - 1：数字经济发展影响环境绩效。

H5 - 2：数字经济通过提升要素配置效率，影响环境绩效。

H5 - 3：数字经济通过产业结构升级，影响环境绩效。

H5 - 4：数字经济通过提高绿色创新能力，影响环境绩效。

H5 - 5：数字经济与环境规制和绿色创新协同，影响环境绩效。

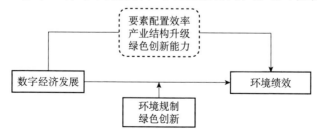

图 5 - 6 数字经济影响环境绩效的理论框架

资料来源：笔者根据研究假设应用 Office 365 软件计算整理绘制而得。

5.2.2　基准模型构建与回归

5.2.2.1　数字经济影响环境绩效的基准回归模型

可拓展的随机环境影响评估（Stochastic Impacts by Regression on Population Affluence and Technologg，STIRPAT）模型，是在经典 IPAT 等式的基础上完善和发展起来的。在 IPAT 等式（I = PAT）中，I 表示环境影响，P 表示人口数量，A 表示富裕程度，T 表示技术，目的是分析在人口数量、富裕程度、技术等人文驱动力中，何种驱动力对环境压力的影响更明显。迪茨等（Dietz et al.，1994）对 IPAT 等式进行了改进，构建了STIRPAT 随机模型，通过对技术项的分解，可用于分析各种类型的驱动因子对环境绩效的影响。该模型可表达为：

$$I_{it} = a\, P_{it}^{b} A_{it}^{c} T_{it}^{d} \qquad\qquad 式（5-18）$$

将式（5-18）进行对数展开后得到：

$$\ln I_{it} = a + b\ln P_{it} + c\ln A_{it} + d\ln T_{it} + \varepsilon_{it} \qquad 式（5-19）$$

在式（5-19）中，I_{it} 表示环境绩效，使用污染物的排放情况表示；P_{it} 表示人口数量；A_{it} 表示人均 GDP，反映经济富裕程度；T_{it} 表示能源利用的发展程度，一般使用能源效率替代。

根据式（5-19）构建了如下基准回归模型：

$$\ln I_{it} = \alpha + \beta D_{it} + \gamma X_{it} + \mu_{i} + \lambda_{t} + \varepsilon_{it} \qquad 式（5-20）$$

在式（5-20）中，将数字经济发展指数（D_{it}）作为核心解释变量，将污染物排放情况（作为被解释变量，X_{it} 表示控制变量，μ_{i} 和 λ_{t} 分别表示地区固定效应和时间固定效应，ε_{it} 为服从正态分布的白噪声序列。

5.2.2.2　变量选取

选择 CO_2、$PM_{2.5}$、工业废水和 SO_2 排放表示不同污染物排放的情况，分别用 lnC、lnpm、lnwastewater、lnSo 替代被解释变量。另外，构造排放强度指标，研究数字经济发展水平对排放强度的影响，即将污染排放除以当年实际产出。核心解释变量为前文计算的数字经济发展指数。

根据既有研究设置控制变量 X_{it}，具体包括：①经济发展水平（y），以 2011 年为基期，计算样本的实际人均 GDP；②产业结构（Str），即第二产业增加值占 GDP 的比值；③城镇化水平（Urb），即城镇人口占总人口的比重；④贸易开放程度（Open），即 FDI 占 GDP 的比重；⑤环境规制（Er），借鉴蔡海亚等（2018）的做法，可使用工业污染治理完成投资与第二产业增加值的比值衡量；⑥能源效率（E），将各省（区、市）能源平衡表中的能源单位统一为吨标准煤，加总后比当年实际 GDP，即可计算能源效率，能源效率体现了整体技术进步的绿色偏向性程度，相同能源投入带来的产出水平越高，表明能源利用效率越高，意味着整体技术进步具有更加突出的绿色偏向性特征；⑦人口数量（P），以各省（区、市）常住人口表示；⑧能源结构（Es），根据各省（区、市）能源平衡表计算煤炭消费在所有能源消费中的比重。所使用数据和权重指标来源于 2011 ~ 2020 年《中国统计年鉴》及各省（区、市）的统计年鉴、《中国工业统计年鉴》和《中国能源统计年鉴》。相关变量的描述性统计，见表 5 - 8。

表 5 - 8　　　　　　　　　相关变量的描述性统计

变量	观测数	均值	标准差	最小值	最大值
lnC	300	9.488	0.723	7.392	11.191
lnpm	300	3.586	0.395	2.258	4.450
lnwastewater	300	10.547	1.028	6.304	12.414
lnSO	300	12.434	1.272	7.496	14.418
lnD	300	0.166	0.090	0.04	0.539
lny	300	10.462	0.407	9.707	11.462
Urb	300	59.006	12.218	35.03	89.600
Open	300	0.192	0.150	0.001	0.796
Er	300	0.03	0.010	0.012	0.068
E	300	8.838	0.471	7.729	10.253
lnP	300	8.206	0.736	6.342	9.443
Es	300	0.386	0.149	0.011	0.687

资料来源：笔者根据本章提及的数据应用 Stata 17.0 软件计算整理而得。

5.2.2.3 回归结果

将基准模型式（5-20）进行固定效应回归和随机效应回归，Hausman 检验支持模型采取固定效应估计。基准模型的估计结果，见表5-9。模型均控制了地区固定效应和时间固定效应，由表5-9可知，数字经济发展水平对 CO_2、$PM_{2.5}$ 和 SO_2 排放的影响系数显著为负，对工业废水排放的影响不显著，说明数字经济发展水平的提高可以显著降低本地区 CO_2、$PM_{2.5}$ 和 SO_2 的排放水平，具有减污降碳的协同作用。从控制变量来看，经济发展水平（lny）及其平方（lny^2）在表5-9的第（1）列、第（2）列、第（3）列中并不显著，这说明相对应污染物的排放与经济发展水平无关，而 SO_2 的排放与经济发展水平存在倒"U"型关系，结果符合环境库兹涅茨曲线的假设。

表5-9 基准模型的估计结果

变量	（1）lnCO₂	（2）lnpm	（3）lnwastewater	（4）lnSO₂
lnD	-0.648**	-0.826**	0.900	-2.322**
	(0.295)	(0.366)	(0.787)	(0.904)
lny	2.083	1.663	2.187	10.120*
	(1.430)	(2.523)	(7.123)	(5.798)
lny²	-0.041	-0.064	-0.089	-0.479*
	(0.070)	(0.121)	(0.336)	(0.274)
str	0.126*	0.459*	0.312**	0.105*
	(0.195)	(0.344)	(0.948)	(1.047)
Urb	-0.001	-0.006	-0.013	0.103***
	(0.004)	(0.008)	(0.017)	(0.025)
Open	-0.013*	-0.028*	-0.281*	0.040
	(0.060)	(0.082)	(0.246)	(0.380)
Er	-0.013**	-0.059*	-0.015**	-0.014*
	(0.039)	(0.047)	(0.014)	(0.019)
lnE	1.139***	0.233***	0.237	0.555**
	(0.125)	(0.061)	(0.214)	(0.222)
Es	0.778***	0.219	-1.283	1.305**
	(0.260)	(0.160)	(1.011)	(0.632)

变量	（1） lnCO$_2$	（2） lnpm	（3） lnwastewater	（4） lnSO$_2$
lnP	0.716**	−0.134	1.355**	−0.916
	(0.332)	(0.277)	(0.523)	(1.001)
常数	−23.930***	−7.004	−13.881	−34.872
	(8.093)	(12.430)	(37.301)	(62.781)
观测数	300	300	300	300
R^2	0.853	0.855	0.602	0.934
样本数	30	30	30	30

注：括号内为标准误，***、** 和 * 分别表示在 1%、5% 和 10% 的水平上显著。
资料来源：笔者根据本章提及的相关数据应用 Stata 17.0 软件计算整理而得。

在产业结构方面（Str），第二产业增加值占比的提高与相关污染物排放数量有正相关关系，符合一般理论预期，第二产业是污染物排放的主要来源。城市化水平（Urb）仅对 SO$_2$ 的排放存在显著的正向影响，与其他污染物排放存在负向的不显著关系。根据在样本期内的数据，回归结果发现，对外开放水平（Open）对污染情况的改善有显著影响。一般来说，环境规制（Er）对污染物的排放具有负面影响，通过政府的严格管制和要求，减少相应污染，回归结果也证实了其在污染物排放方面的控制作用。在能源效率（E）方面，如果能源效率越高，绿色技术能力越高，那么，污染物排放情况就会改善，证明了能源使用技术的提升不存在完全的污染排放回弹效应，说明提升能源使用技术的有效性，然而，回归结果显示，能源效率提升对工业废水排放并没有显著的改善作用。在能源结构（Es）方面，能源结构中煤炭的使用占比越大，CO$_2$、SO$_2$ 的排放就越多，对 PM$_{2.5}$、工业废水排放并没有特别影响。人口规模（lnP）对 CO$_2$、工业废水排放有显著正向作用。

因变量是各种污染物排放强度的估计结果，如表 5-10 所示。排放强度是指，单位产出所需排放的污染数量，预期数字经济对其的影响作用为负。从估计结果可以看出，数字经济发展水平对 CO$_2$ 的排放强度具有显著负向影响，而对其他污染物的排放强度并无显著影响。考虑到中国应对气候变化和温室气体排放问题与数字经济的发展在时间上同步，因此，数字经济可能具有减碳技术偏向性。

表 5 - 10   因变量是各种污染物排放强度的估计结果

变量	CO_2/Y	pm/Y	wastewater$/Y$	SO_2/Y
lnD	- 1. 333 **	0. 002	11. 070	0. 217
	(0. 602)	(0. 002)	(7. 455)	(65. 681)
控制变量	是	是	是	是
观测数	300	300	300	300
R^2	0. 786	0. 617	0. 797	0. 776
样本数	30	30	30	30

注：括号内为标准误，***、**和*分别表示在1%、5%和10%的水平上显著。由于篇幅关系，控制变量的估计系数不再显示。

资料来源：笔者根据本章提及的相关数据应用 Stata 17.0 软件计算整理而得。

5.2.2.4   稳健性检验

上文实际上通过地区固定效应和时间固定效应，缓解数字经济发展带来的宏观系统环境变化，证明回归结果的稳健性，将解释变量取滞后一期以降低互为因果的可能。数字经济发展指数滞后项的估计结果，见表5-11。此外，地区数字经济的发展变量与环境变量之间可能存在潜在的内生性问题，即为了实现环境绩效提升，会使经济体主动进行数字化改造。这种选择性偏差，会使模型的估计结果产生一定偏误。为了解决内生性问题，常常使用工具变量法。但是，在实际操作中，工具变量往往难以获取，动态面板模型是解释变量中包含被解释变量滞后项的模型，从而减少内生性问题。通常使用广义矩估计方法（包括系统 GMM 方法和差分 GMM 方法）对包含被解释变量滞后项的模型进行参数估计，本小节采用系统 GMM 方法对因变量 CO_2、$PM_{2.5}$ 和 SO_2 排放进行估计。

表 5 - 11   数字经济发展指数滞后项的估计结果

变量	$lnCO_2$	lnpm	lnwastewater	$lnSO_2$
L. lnD	- 0. 722 ***	- 0. 729 **	1. 715	- 2. 676 **
	(0. 212)	(0. 335)	(1. 099)	(1. 041)
控制变量	是	是	是	是

续表

变量	$lnCO_2$	lnpm	lnwastewater	$lnSO_2$
时间固定效应和地区固定效应	是	是	是	是
观测数	270	270	270	270
R^2	0.858	0.844	0.596	0.933
样本数	30	30	30	30

注：括号内为标准误，＊＊＊、＊＊和＊分别表示在1%、5%和10%的水平上显著。由于篇幅关系，控制变量的估计系数不再显示。

资料来源：笔者根据本章提及的相关数据应用Stata 17.0软件计算整理而得。

系统GMM方法的估计结果，见表5-12。变量L. lnI表示对应因变量的滞后项。回归结果显示，AR（1）的检验结果表明，扰动项差分存在一阶自相关；AR（2）的检验结果表明，扰动项差分不存在二阶自相关；Sargan的检验结果表明工具变量的有效性。除了表5-12的第（4）列外，其他列的结果显示数字经济发展指数的系数显著为负，表明数字经济的发展会降低环境污染排放。主要估计结果和基准回归结果的符号和显著性一致，显示了模型估计结果的稳健性。

表5-12　　　　　　　系统GMM方法的估计结果

变量	$lnCO_2$		lnpm		$lnSO_2$	
	（1）	（2）	（3）	（4）	（5）	（6）
L. lnI	0.180＊＊ (0.075)	0.037＊ (0.075)	0.102＊ (0.066)	0.064 (0.140)	0.269＊＊＊ (0.059)	0.298＊ (0.162)
lnD	-0.265＊＊＊ (0.100)	-1.436＊ (0.903)	-2.835＊＊＊ (0.194)	0.127 (2.425)	-11.531＊＊＊ (0.859)	-15.773＊＊ (7.346)
控制变量	否	是	否	是	否	是
AR（1）	0.031	0.035	0.000	0.920	0.000	0.042
AR（2）	0.290	0.316	0.223	0.209	0.984	0.202
Sargan	0.57	0.48	0.59	0.41	0.94	0.54
观测数	240	240	240	240	240	240
样本数	30	30	30	30	30	30

注：括号内为标准误，＊＊＊、＊＊和＊分别表示在1%、5%和10%的水平上显著。由于篇幅关系，控制变量的估计系数不再显示。

资料来源：笔者根据本章提及的相关数据应用Stata 17.0软件计算整理而得。

5.2.2.5 异质性分析

进一步地，基于区域异质性，分别对中国的东部地区、中部地区和西部地区数字经济发展对于环境绩效的影响进行实证研究。区域异质性下的回归结果，见表 5 – 13。从回归结果可以看出，在样本期内，东部地区和中部地区的数字经济发展水平对 CO_2 的排放具有显著的负面影响，而西部地区并不显著；对 $PM_{2.5}$ 的情况而言，东部地区和西部地区的数字经济发展水平对其具有显著的负面影响；对 SO_2 的排放而言，东部地区和西部地区的数字经济发展水平对其具有显著的负面影响。东部地区的回归结果显示了数字经济发展对污染排放影响的稳定性，而该地区也聚集了数字经济发展较好的省（市），因此，促进环境绩效提升需要大力发展数字经济。从前文可知，中部地区和西部地区的数字经济发展水平差异不大，然而，在影响环境变量的结果上却存在差别，可能的原因在于，不同地区在数字经济应用的环境偏向上存在一定差异性，中部地区更偏向于将数字经济发展应用于改善碳排放，而西部地区偏向于其他方面，可能与经济和产业的发展阶段相关。

表 5 – 13　　　　　　　　区域异质性下的回归结果

变量	lnCO₂			lnpm			lnSO₂		
	东部地区	中部地区	西部地区	东部地区	中部地区	西部地区	东部地区	中部地区	西部地区
lnD	- 0.808 ***	- 1.263 **	0.0769	- 1.735 ***	- 0.124	- 1.221 **	- 3.582 ***	- 1.755	- 4.041 ***
	(0.251)	(0.570)	(0.333)	(0.436)	(0.967)	(0.542)	(1.307)	(3.393)	(1.406)
控制变量	是	是	是	是	是	是	是	是	是
观测数	120	90	90	120	90	90	120	90	90
R²	0.881	0.939	0.942	0.868	0.922	0.909	0.953	0.947	0.971

注：括号内为标准误，*** 、** 和 * 分别表示在 1% 、5% 和 10% 的水平上显著。由于篇幅，控制变量的估计系数不再显示。

资料来源：笔者根据本章提及的相关数据应用 Stata 17.0 软件计算整理而得。

5.2.3 作用机制分析

5.2.3.1 模型设定

1. 中介效应模型

根据本章 5.2.1 小节的理论预期，将配置效率、结构升级、环境规制和绿色创新以中介效应变量设定到数字经济影响环境绩效的作用路径中（温忠麟等，2004）。基于基准模型，设定以下中介回归模型：

$$\ln I_{it} = \alpha_1 + \beta_1 \ln D_{it} + \gamma_1 X_{it} + \mu_i + \lambda_t + \varepsilon_{it} \qquad 式（5-21）$$

$$M_{it} = \alpha_2 + \beta_2 \ln D_{it} + \gamma_2 X_{it} + \mu_i + \lambda_t + \varepsilon_{it} \qquad 式（5-22）$$

$$\ln I_{it} = \alpha_3 + \beta_3 \ln D_{it} + \rho_3 M_{it} + \gamma_3 X_{it} + \mu_i + \lambda_t + \varepsilon_{it} \qquad 式（5-23）$$

在式（5-21）~式（5-23）中，数字经济发展对环境变量的直接效应为 β_3，中介效应为 $\beta_2\rho_3$。本小节使用逐步回归法进行中介模型的系数估计，当基准模型中核心解释变量系数 β_1 估计显著时，通过中介模型系数 β_2 和 ρ_3 的显著性可以判断存在中介效应。若 β_2 和 ρ_3 至少有一个不显著，需要针对中介模型的估计值 $\beta_2\rho_3$ 进行 Sobel 检验，若 Sobel 检验拒绝原假设，则中介机制存在；否则，中介机制不存在。若 β_1 显著，但 β_3 不显著，则为完全中介；若 β_1 显著，β_3 也显著，但值变小，则为部分中介。然而，Sobel 检验主要针对截面数据，因此，在此仅作参考。

2. 调节效应模型

将环境规制和绿色创新能力作为调节效应变量，设定到数字经济发展影响环境绩效的作用路径中。基于基准模型，设定以下调节效应模型：

$$\ln I_{it} = \alpha_1 + \beta_1 \ln D_{it} + \beta_2 T_{it} + \beta_3 T_{it} \times \ln D_{it} + \gamma X_{it} + \mu_i + \lambda_t + \varepsilon_{it}$$

$$式（5-24）$$

在式（5-24）中，β_1 表示数字经济发展对环境影响的直接效应，β_2 表示调节变量对环境影响的直接效应，β_3 表示通过调节变量施加影响的调节效应。对变量进行中心化处理后，再计算交互项可以减弱回归模型中的多重共线性。

5.2.3.2　变量选择与数据处理

在验证机制模型时，因存在上文没有涉及的变量，本小节说明相关变量的选择依据和计算方式。

1. 要素错配指数

借鉴陈永伟和胡伟明（2011）的研究，定义资本错配指数 τ_{ki} 和劳动错配指数 τ_{Li}，存在以下关系：

$$\gamma_{Ki} = \frac{1}{1+\tau_{ki}}, \quad \gamma_{Li} = \frac{1}{1+\tau_{Li}} \qquad 式（5-25）$$

在式（5-25）中，γ_{Ki}、γ_{Li}表示要素价格扭曲系数，一般用价格相对扭曲系数替代：

$$\hat{\gamma}_{Ki} = \left(\frac{K_i}{K}\right) \bigg/ \left(\frac{s_i\beta_{Ki}}{\beta_K}\right), \quad \hat{\gamma}_{Li} = \left(\frac{L_i}{L}\right) \bigg/ \left(\frac{s_i\beta_{Li}}{\beta_L}\right) \qquad 式（5-26）$$

在式（5-26）中，s_i表示地区 i 的产出份额，β_{Ki}和β_{Li}分别表示地区 i 的资本产出弹性和地区 i 的劳动产出弹性。$\hat{\gamma}_{Ki}$反映了要素实际分配情况与要素理想分配情况的比值，即地区 i 的要素错配程度，若该比值大于 1（此时，$\tau < 0$），表明要素配置过度；若该比值小于 1（此时，$\tau > 0$），表明要素配置不足。为避免符号方向不一致对回归产生干扰，对τ取绝对值，即$\hat{\gamma}_{Ki}$数值越大，错配越严重。

2. 产业结构升级

借鉴干春晖等（2011）和韩永辉等（2017）的做法，采用产业结构高级化和产业结构合理化来衡量产业结构升级。产业结构高级化（$Str1_{it}$），采用对不同产业设定权重的方式来衡量地区产业结构高级化水平。其中，S_{2it}和S_{3it}分别表示 i 地区第 t 年第二产业增加值和第三产业增加值分别占当地 GDP 的比重。$Str1_{it}$值越大，表明该地区产业结构的高级化水平越高。

$$Str1_{it} = S_{2it}/S_{3it} \qquad 式（5-27）$$

产业结构合理化（$Str2_{it}$）的具体计算方法为：

$$Str2_{it} = 1 \bigg/ \left(\sum_{i=1}^{3} Y_{it} \bigg/ Y_t \left| \frac{Y_{it}/Y_t}{L_{it}/L_t} - 1 \right| \right) \qquad 式（5-28）$$

在式（5-27）中，Y_{it}/Y_t表示三大产业产值分别占当地 GDP 的比重，L_{it}/L_t表示三大产业就业人数分别占当地就业人数的比重。$Str2_{it}$指标越大，表明该地区产业结构合理化水平越高。

3. 绿色创新能力

绿色创新能力反映与生态环境保护密切相关的技术进步水平，既有研究常使用绿色研发投入或绿色专利数量反映绿色创新能力。世界知识产权组织发布的《绿色专利清单》（*IPC Green Inventory*）[①] 提供了绿色专

[①] 世界知识产权组织发布的《绿色专利清单》，网址：https://www.wipo.int/classifications/ipc/green-inventory/hone。

利的国际专利分类（IPC）代码 6I，根据绿色 IPC 代码，可以在中国国家知识产权局专利数据库中分年度、分地区和分行业检索绿色专利数量。基于专利授权日期，本小节就绿色 IPC 代码所对应的专利数量进行了检索，参考朱等（Zhu et al. ，2019）的研究，采用地区的绿色专利总量作为绿色创新能力的度量指标，并进行了对数化处理。

5.2.3.3　回归结果

1. 中介机制检验

根据中介效应模型，使用逐步回归法估计，选择基准模型中核心解释变量系数估计显著的环境变量并进行进一步考察，被解释变量（因变量）分别为 CO_2 排放水平的对数、$PM_{2.5}$ 排放水平的对数和 SO_2 排放水平的对数，使用要素错配、产业结构升级和绿色创新作为中介变量进行中介机制检验。数字经济发展影响 CO_2 排放的中介机制检验结果，见表 5 – 14。数字经济发展影响 $PM_{2.5}$ 和 SO_2 排放的中介机制检验结果，见表 5 – 15。表 5 – 14 的结果显示，劳动错配、产业结构合理化不是中介变量，劳动错配的中介机制中 β_2 不显著（见列（3）和列（7）中 lnD 的估计系数），说明劳动错配的中介机制不存在。数字经济发展影响 CO_2 排放配置效率的中介机制是通过调整资本错配产生作用的，产业升级的中介机制是通过产业结构高级化产生作用的，绿色创新的中介机制是通过绿色创新能力产生作用的。基本上所有的中介都是部分中介，与基准回归结果对比，表 5 – 14 的列（2）、列（6）、列（10）中数字经济发展指数（lnD）的估计系数的绝对值变小，该系数表示直接效应的大小，该回归系数的变小说明相关的中介变量起部分中介作用。

表 5 – 14　　　数字经济发展影响 CO_2 排放的中介机制检验结果

变量	资本错配		劳动错配		产业结构高级化		产业结构合理化		绿色创新	
	M (1)	$lnCO_2$ (2)	M (3)	$lnCO_2$ (4)	M (5)	$lnCO_2$ (6)	M (7)	$lnCO_2$ (8)	M (9)	$lnCO_2$ (10)
lnD	-0.139 * (0.331)	-0.584 *** (0.110)	-0.620 (0.748)	-0.62 *** (0.114)	0.785 *** (0.121)	-0.531 *** (0.120)	-0.107 (0.157)	-0.585 *** (0.111)	4.090 *** (0.584)	-0.538 *** (0.119)

变量	资本错配		劳动错配		产业结构高级化		产业结构合理化		绿色创新	
	M (1)	$lnCO_2$ (2)	M (3)	$lnCO_2$ (4)	M (5)	$lnCO_2$ (6)	M (7)	$lnCO_2$ (8)	M (9)	$lnCO_2$ (10)
M		0.056*** (0.021)		0.004*** (0.004)		−0.077* (0.057)		0.061 (0.044)		−0.036*** (0.012)
控制变量	是	是	是	是	是	是	是	是	是	是
观测数	300	300	300	300	300	300	300	300	300	300
R^2	0.6679	0.8529	0.4961	0.8492	0.9584	0.8497	0.0375	0.8498	0.584	0.8540

注：括号内为标准误，***、**和*分别表示在1%、5%和10%的水平上显著。由于篇幅关系，控制变量的估计系数不再显示。

资料来源：笔者根据本章提及的相关数据应用 Stata 17.0 软件计算整理而得。

数字经济发展影响 $PM_{2.5}$ 和 SO_2 排放的中介机制检验结果，见表 5–15。表 5–15 直接提取中介模型有效的中介变量进行机制检验，回归结果显示了资本错配、产业结构高级化和绿色创新中介机制的稳健性。同时，Sobel 检验结果显示，资本错配的中介机制对 $PM_{2.5}$ 排放的显著有效性，产业高级化的中介机制对 $PM_{2.5}$ 排放无效，绿色创新的中介机制对 SO_2 排放无效。因此，数字经济发展通过资本错配和绿色创新对 $PM_{2.5}$ 排放产生间接负面影响，通过资本错配和产业结构高级化对 SO_2 排放产生间接负面影响。

表 5–15   数字经济发展影响 $PM_{2.5}$ 和 SO_2 排放的中介机制检验结果

变量	M = 资本错配		M = 产业结构高级化		M = 绿色创新	
	lnpm	$lnSO_2$	lnpm	$lnSO_2$	lnpm	$lnSO_2$
lnD	−0.557** (0.206)	−2.849*** (0.835)	−0.747** (0.332)	−2.550*** (0.886)	−0.728** (0.332)	−2.615*** (0.885)
M	0.131*** (0.039)	0.223** (0.105)	−0.053 (0.136)	−0.292*** (0.306)	−0.030* (0.020)	−0.066 (0.067)
控制变量	是	是	是	是	是	是
观测数	300	300	300	300	300	300
R^2	0.7734	0.9350	0.8520	0.9341	0.6679	0.8529

注：括号内为标准误，***、**和*分别表示在1%、5%和10%的水平上显著。由于篇幅关系，控制变量的估计系数不再显示。

资料来源：笔者根据本章提及的相关数据应用 Stata 17.0 软件计算整理而得。

2. 调节机制检验

需要清楚的是，即使数字经济发展水平接近，不同的环境规制条件和绿色创新能力也会导致不同的环境绩效，宏观环境变量会对数字经济影响环境绩效的作用产生促进效果或抑制效果。也就是说，数字经济发展影响环境方面可持续转型的作用，需要一些重要的互补性条件。将环境规制和绿色创新作为互补性条件。调节机制检验结果，见表 5 - 16。从估计系数可以看出，除了列（3）外，环境规制和绿色创新与数字经济发展水平结合，显著促进了数字经济发展对环境可持续转型的影响。环境规制与数字经济发展水平的结合对 CO_2 和 $PM_{2.5}$ 的排放减少具有显著促进作用，在总效果上调节变量的作用分别占 33.92% 和 15.58%，对碳排放的影响最大。绿色创新与数字经济发展水平结合，对 CO_2、$PM_{2.5}$ 和 SO_2 的排放减少具有显著促进作用，在总效果上调节变量的作用分别占 24.35%、49.88% 和 40.97%，对 $PM_{2.5}$ 排放的影响最大，对 SO_2 排放的影响次之。

表 5 - 16　　　　　　　　　　调节机制检验结果

变量	T = 环境规制			T = 绿色创新		
	$lnCO_2$ （1）	lnpm （2）	$lnSO_2$ （3）	$lnCO_2$ （4）	lnpm （5）	$lnSO_2$ （6）
lnD	- 0.984 *** （0.244）	- 2.986 *** （0.465）	- 10.43 *** （1.840）	- 0.696 *** （0.120）	- 1.452 *** （0.208）	- 8.147 *** （0.829）
T	- 0.043 * （0.063）	- 0.271 ** （0.120）	- 0.088 * （0.477）	0.027 ** （0.012）	- 0.046 ** （0.021）	- 0.331 *** （0.083）
lnD × T	- 0.505 * （0.260）	- 0.551 *** （0.496）	1.171 （1.964）	- 0.224 ** （0.103）	- 1.445 *** （0.179）	- 5.654 *** （0.715）
控制变量	是	是	是	是	是	是
观测数	300	300	300	300	300	300
R^2	0.857	0.772	0.840	0.857	0.811	0.865

注：括号内为标准误，***、** 和 * 分别表示在 1%、5% 和 10% 的水平上显著。由于篇幅关系，控制变量的估计系数不再显示。

资料来源：笔者根据本章提及的相关数据应用 Stata 17.0 软件计算整理而得。

5.3 本章小结

本章构建数字经济发展指数，对地区数字经济的发展情况进行测度，并进行时空演变特征的研究。继而分析了数字经济发展影响环境绩效的理论机制，认为数字经济在要素配置、结构升级、创新作用和环境治理方面影响环境绩效。之后，构建回归模型，实证验证数字经济发展对环境绩效的影响机制和作用机制。主要有以下两点研究结论。

（1）构建数字经济发展指数，从时空特征、区域差异和收敛特征上对中国的30个省（区、市）数字经济发展水平进行了研究。从时空特征上看，整体发展处于较低水平，在样本期内，全国及东部地区、中部地区、西部地区均有一定程度的改善。不同省（区、市）或不同区域之间存在明显的发展异质性，相对来说，东部地区各省（市）数字经济发展水平最高。从空间集聚特征上看，中国的30个省（区、市）的数字经济在样本期初的集聚特征不明显，随着时间推移，空间集聚值和经济集聚值不断上升。从差异程度上看，总体上的差异度处于下降趋势，可能的原因在于，近些年，中国进行的新动能培育和全国范围内的均衡发展政策起到了很大成效。东部地区内部省（市）差异的演变趋势及演变程度与全国总体差异类似，西部地区内部和中部地区内部的差异度走势类似，东部地区与中部地区的内部、西部地区的内部之间存在明显差异。从差异来源看，组间差异最大，说明中国的数字经济发展情况有明显的区域异质性。从收敛特征上看，利用 σ 收敛、绝对 β 收敛和条件 β 收敛检验差异趋势发现，除西部地区外，全国及东部地区、中部地区都具备 σ 收敛特征。根据条件 β 收敛的实证结果发现，除东部地区外，全国层面均存在条件 β 收敛机制，并在区域层面出现了更快的收敛速度。除东部地区数字经济发展水平的收敛速度不如全国层面外，中部地区内部省、西部地区内部省（区、市）以更高的速度趋同发展。

（2）本章在考察数字经济发展对环境绩效的影响时，首先，在理论上构建数字经济发展影响环境绩效的作用机制，提出理论预期：数字经济发展影响环境绩效；数字经济通过提升配置效率、产业结构升级、提高绿色创新能力影响环境绩效；数字经济与环境规制和绿色创新协同，影响环境绩效。其次，本章通过构建基准模型、中介模型和调节模型验证理论假设，实证结果显示，数字经济发展能显著降低本地区的 CO_2 排放水平、$PM_{2.5}$ 排放水平和 SO_2 排放水平，说明数字经济的发展在减污降碳上具有协同作用，将因变量更换为各种污染物的排放强度后，发现数字经济发展具有减碳的偏向性。区域异质性分析发现，东部地区显示了数字经济发展对环境排放方面的影响具有显著性和稳定性，在对影响的作用路径进行实证研究后发现，数字经济发展影响 CO_2 排放减少的中介机制是资本错配、产业结构高级化和绿色创新能力，通过资本错配和绿色创新对 $PM_{2.5}$ 排放产生间接的负面影响，通过资本错配和产业结构高级化对 SO_2 排放产生间接的负面影响。在调节机制上，环境规制和绿色创新与数字经济发展水平结合，显著促进了数字经济发展对环境绩效的影响。

第6章 数字经济影响社会绩效的作用机制研究

随着中国经济发展进入新常态，为了实现高质量发展，应重视社会方面的可持续转型。社会绩效代表社会维度可持续转型的绩效，包括社会福利水平和社会发展差异两方面，即社会绩效的提升不仅取决于社会经济发展水平的高低，还取决于社会经济差距。本章研究数字经济影响社会绩效的作用机制，先在理论上探讨、构建研究假设，然后，进行实证验证。

6.1 数字经济对社会绩效的影响机制分析

6.1.1 数字经济对社会绩效的影响分析

数字技术与各种主体融合创新，对社会经济进行数字化改造（丁志帆，2020），重塑社会经济的组织原则与运行机制（Bukht and Heeks，2017）。总体而言，数字经济可以降低进入门槛、减少传统要素约束，从而提升主体的行为能力。例如，数字经济促进了小微企业和各种类型创业企业的发展；各种类型的主体聚集到虚拟空间，激发了企业家精神；数字经济催生的新业态和工作岗位，促进了社会分工，在分工协作中，不断提高社会发展水平和社会发展质量。对个体劳动者而言，数字经济为个体赋能，使得每个个体有机会利用数字技术提高收入水平。但是，研究发现数字经济对不同技能劳动者的影响存在异质性，不同技能劳动者的市场供求关系和收入差异变大，数字技术的快速发展造成了偏向性技术进步，导致高技能劳动者需求和收入增加（Acmoglue，2016），加大了个体之间的收入差距。在空间上，数字经济提供给边缘地区和乡村更加公平的网络接入机会，因此，能显著地缩小城乡收入差距（柳江等，2020），特别是对于经济发展程度相对较低和城镇化程度相对较低的地区，数字经济缩小城乡收入差距的作用较大。西南财经大学中国家庭金融调查与研究中心和阿里研究院的报告显示，数字经济在缩小城乡收入差距和预防贫困等方面起到了巨大的推动作用。然而，根据本书第 4 章的研究，数字经济发展与区域经济产出和收入水平之间存在较强的正相关性，发达地区有更多的高技能劳动力储备，这将会导致数字经济的不均衡发展，出现地区间的数字鸿沟。数字化的普及与数字化技能人才的非均衡配置，可能会制约欠发达地区的经济发展，加剧地区收入差距（胡鞍钢等，2016）。

除了收入上的影响外，数字经济也会影响社会绩效的其他方面。一般而言，社会中个体受教育水平越高，越健康和长寿，提升社会经济水平的机会越多，社会绩效水平越高。在教育方面，数字经济在网络上提供了海量教育资源和学习资源，为接入的公平性提供了更多支持，但是，线上学习对个体的学习能力、自觉性和甄别能力等提出了更高的要求，因此，对个体的影响也存在较大差异。从更加宏观的角度来看，数字经济特别是数字基础设施的发展，为改善城乡和区域的教育水平差异提供了可能。在医疗健康方面，数字经济提供了多种接入方式，通过互联网人们更容易获取好的医疗资源，这给区域间提供了相互学习和对比的机会，可能有利于提升区域医疗水平并缩小区域间医疗水平的差异，从而提升区域内群体的健康水平和平均寿命。

6.1.2　影响机制分析

1. 数字经济的市场化机制

数字经济通过降低市场分割促进社会绩效。随着数字经济的发展，要素流动更加自由，信息传递成本更低，尤其是数据要素和信息的流动不再需要考虑地理距离的影响。数字应用打破了某些地域制度性或政策性的市场隔断，培育和发展了市场一体化。

数字经济推动虚拟供应链技术的实现，使产业链可以实现扁平化、即时化和定制化，供需的匹配更加准确和有效。数字经济的长尾效应对农业发展（特别是经济类和特色农业）的影响也是显著的。农业的发展依赖自然禀赋和原产地，在传统工业经济模式下，其市场是分散和狭小的，难以规模化发展。数字经济可以将需求信息和供给信息有效地联系在一起，随着（智慧）物流的发展和区块链技术的应用，农产品可以在全国范围内流动，产品追溯系统也保证了质量，减少了农产品供需双方信息不对称问题，提高了生产者信息整合和协作的能力，提升了农产品的市场竞争力，改善了中部地区和西部地区落后省（区、市）的地理禀赋。总之，数字经济的应用，培育和发展市场一体化，民营经济和创业活跃度提高，使得各地的社会经济发展水平提升、差距缩小，从而促进社会系统的可持续转型。

2. 数字经济的去中心化效应

数字经济通过去中心化效应影响社会绩效。数字技术的发展，可以使数据和信息非常便利地实现跨区域转移，影响主体的行为组织方式。集聚效应来自集聚空间的共享知识网络、关系网络和资源网络，数字技术知识、关系、资源等为个体和企业提供了虚拟集聚的可能，降低了区域地理条件和人文环境的局限，加强了协同效应，催生新的组织方式和网络化发展（王如玉等，2018）。

平台是数字经济的重要组织方式，通过连接和协调各种资源来创造价值，提供虚拟集聚空间，地理区位优势变得不那么重要，7×24 小时都有人在数字网络上，时间也变得不重要，这导致实体集聚的必要性大幅降低。数字经济支持去中心化的组织方式，为地理上分散的个体发展和区域发展提供了机会。然而，去中心化效应可能会受主体发展能力的影响，这些主体需要积极、有效地参与数字经济新分工和价值链生产，否则，将陷入发展劣势之中，形成负反馈系统，从而产生并拉大相互之间的差距。既有研究指出，要素地理集聚提供的优势并不会随着数字经济

的发展而完全消失，还可能出现关键要素集聚加强的情况。例如，随着
数字经济的发展，在美国硅谷出现了人才要素、资本要素和产业越来越
集聚的情况。对本地社会福利影响较大的教育资源和医疗资源的发展更
加依靠人才要素和资本要素的支持，人才、资本在优势区域的集聚会导
致区域间社会发展差异变大。因此，数字经济影响社会绩效的去中心效
应是否成立，还需要进行实证验证。

6.1.3　研究假设

综上所述，本小节提出以下四点研究假设。

H6 - 1：数字经济影响社会绩效，即社会福利水平和社会发展差异。

H6 - 2：数字经济通过市场化机制和去中心化效应，影响社会绩效。

进一步地，数字技术及其应用具有显著的网络效应，需要考察数字
经济的非线性影响。在数字经济时代，各部门之间的经济活动边界被弱
化，信息壁垒和市场壁垒被降低，越来越多的主体参与数字经济。梅特
卡夫定律（Metcalfe's law）指出，网络价值与用户数的平方成正比，网络
使用者越多，该网络的价值越大。然而，这种网络效应需要技术和能力
的协同，即需要一定的技术知识水平和市场发展条件支持数字经济赋能
作用。在技术融合和应用推广上，数字经济对社会绩效的影响可能存在
门槛效应，本小节认为，只有当教育水平发展和市场经济活跃度达到一
定程度时，数字经济才可以发挥显著的正向作用，促进社会绩效提升。
因此，提出以下研究假设：

H6 - 3：数字经济对社会绩效具有非线性影响。

社会绩效可能存在空间溢出作用，社会绩效水平差异会吸引社会经
济中要素的流动。数字经济以信息多元、获取方便的特点，增强了区域
间社会经济活动关联的广度和深度，在这种情况下，地理距离和经济距
离越近，区域间的相互影响和相互学习作用就越大。因此，提出以下研
究假设：

H6 - 4：数字经济通过空间外溢效应，影响邻近地区的社会绩效。

6.2 数字经济影响社会绩效的研究设计

6.2.1 模型设定

为检验上述研究假设，先对直接传导机制构建如下基准模型：

$$SD_{it} = \alpha_1 + \beta_1 \ln D_{it} + \gamma_1 X_{it} + \mu_i + \lambda_t + \varepsilon_{it} \qquad 式（6-1）$$

在式（6-1）中，SD_{it} 表示社会绩效的相关指数，X_{it} 表示控制变量，μ_i 表示地区固定效应，λ_t 表示时间固定效应，ε_{it} 表示服从正态分布的白噪声序列。

除了直接效应外，为了验证数字经济影响社会绩效可能存在的作用机制，根据6.1节论述，本章将验证市场化机制和去中心化程度的中介作用机制，使用逐步回归法进行实证检验，模型设定如下：

$$M_{it} = \alpha_2 + \beta_2 \ln D_{it} + \gamma_2 X_{it} + \mu_i + \lambda_t + \varepsilon_{it} \qquad 式（6-2）$$

$$SD_{it} = \alpha_3 + \beta_3 \ln D_{it} + \rho_3 M_{it} + \gamma_3 X_{it} + \mu_i + \lambda_t + \varepsilon_{it} \qquad 式（6-3）$$

在式（6-2）和式（6-3）中，数字经济对社会绩效变量的直接效应为 β_3，中介效应为 $\beta_2\rho_3$，在基准模型核心变量显著的前提下，通过观察 β_2、β_3 和 ρ_3 的显著性和大小判断中介效应是否成立。另外，进行 Sobel 检验和 bootstrap 检验，以验证结果的稳健性。

进一步，数字技术及其应用具有显著的网络效应和协同效应，数字经济影响社会绩效可能存在门槛效应。本章采用汉森（Hansen，1999）提出的面板门槛回归模型，以统计推断方法对门槛值进行参数估计和统计检验。单门槛模型如式（6-4）所示。

$$SD_{it} = \alpha_1 + \beta_1 \ln D_{it} I(adj_{it} \leq a) + \beta_2 \ln D_{it} I(adj_{it} > a) + \gamma X_{it} + \mu_i + \lambda_t + \varepsilon_{it}$$
$$式（6-4）$$

在式（6-4）中，$I(\cdot)$ 表示指示函数，当括号内的条件满足时，取1；否则，取0。adj_{it} 表示教育发展水平和市场经济活跃度等门槛变量，a 表示特定的门槛值。可根据具体情况，将式（6-4）扩展为多重门槛模型。

最后，为了验证数字经济发展和社会绩效的空间相关性，在基准模型式（6－1）的基础上，建立空间计量模型。空间杜宾模型（Spatial Durbin Model，SDM）是空间滞后模型（Spatial Autoregressive Model，SAR）和空间误差模型（Spatial Error Model，SEM）的组合扩展形式，可以通过对空间滞后模型和空间误差项模型增加相应的约束条件设立空间杜宾模型。如果相关约束条件不成立，空间杜宾模型会退化为空间滞后模型或者空间误差项模型，因此，有其优越性。在此，构建空间杜宾模型如下：

$$SD = \rho WSD + \alpha + \beta \ln D + \gamma X + \varphi WX' + \mu \qquad \text{式（6－5）}$$
$$\mu = \lambda W\mu + \varepsilon, \quad \varepsilon \sim N\left[0, \sigma^2 I\right]$$

在式（6－5）中，W 表示空间权重矩阵；ρ 表示空间滞后回归系数，反映空间相关地区社会发展的相互影响程度；φ 表示解释变量（X′包括核心解释变量和控制变量）的空间滞后回归系数；λ 表示空间误差系数；μ 和 ε 表示随机误差，ε 遵循正态分布。当 $\rho \neq 0$、$\varphi = 0$、$\lambda = 0$ 时，模型符合空间误差模型；当 $\rho = 0$、$\varphi = 0$、$\lambda \neq 0$ 时，模型符合空间滞后模型；当 $\rho \neq 0$、$\varphi \neq 0$、$\lambda = 0$ 时，模型符合空间杜宾模型。根据 LM 检验和显著性结果，可确定具体的模型形式。

6.2.2　变量选择和数据来源

6.2.2.1　被解释变量

通常使用福利水平表示社会绩效，福利水平越高，社会绩效水平越高。根据客观福利水平指标的研究，人类发展指数（Human Development Index，HDI）是联合国开发计划署（United Nations Development Programme，UNDP）提出的社会绩效指标，是基于可行能力理论构建的，被学者、机构和政府广为接受的客观福利指标。可行能力理论认为，社会福利水平主要取决于公民各种功能的实现，例如，做有价值的事情、拥有达到理想生活状态的能力和自由。因此，HDI 由收入水平、受教育水平和预期寿命三项变量组成，主要体现为福利水平的发展程度。与客观福利水平相对的是主观福利水平，主观福利水平大多通过一些问题和量表进行测度。一般来说，均等程度影响主观福利水平，人们通过对比差异感受福利水平的变化，越不均等，主观福利水平越低。综上所述，本章分别从收入水平、受教育水平和医疗水平三个维度设置社会绩效的水平性指标和差异性指标作为社会绩效的代理变量，以便于研究数字经济影响社会绩效的作用机制。

（1）参考客观福利指标人类发展指数（HDI）的组成（张帅等，2021）考虑数据的可得性，从收入水平、教育水平和医疗水平三个维度设置被解释变量，构建社会发展指数（SDI），见式（6-6）。

$$SDI = \sqrt[3]{Y \times E \times H} \qquad 式（6-6）$$

式（6-6）涉及的各个变量单位不一致，因此，使用标准化方式对涉及变量进行无量纲化处理。一般采用极差法对原始数据进行无量纲化处理：

当 F_{tj} 为正向指标，假设 F_{tj} 是 t 年 j 指标的标准化值：$F_{tj} = \dfrac{E_{tj} - E_{min}}{E_{max} - E_{min}}$；

当 F_{tj} 为负向指标，$F'_{tj} = \dfrac{E_{max} - E_{ti}}{E_{max} - E_{min}}$。

其中，t 表示年序号；j 表示指标序号；E_{tj} 表示 t 年 j 指标的原始值；E_{max} 表示 j 指标中的最大值；E_{min} 表示 j 指标中的最小值。

（2）为考察数字经济对公平性福利的影响，从收入水平、教育水平和医疗水平三个维度的差距构建社会发展差异指数（SDIgini），如式（6-7）所示。

$$SDIgini = \sqrt[3]{Yd \times Ed \times Hd} \qquad 式（6-7）$$

在式（6-7）中，区域经济差距指标（Yd）使用各省（区、市）人均 GDP 自然对数与中国人均 GDP 自然对数的均值的差距表示，见式（6-8）：

$$Yd_{it} = |\ln y_{it} - \ln \bar{y}_t| \qquad 式（6-8）$$

在式（6-8）中，Yd_{it} 表示区域经济差距，y_{it} 表示 i 地区 t 年的人均 GDP，$\bar{y}_t$ 表示 t 年全国人均 GDP 的均值。

受教育水平（Edu）使用人均受教育年限的公式计算，即各省（区、市）人均受教育年限=（小学人数×6+初中人数×9+高中人数×12+中职人数×12+大专及以上人数×16)/6 岁以上人口总数。参考式（6-8），计算区域之间的教育水平差距（Ed）。

预期寿命、实际寿命数据的获取存在困难，因此，采用各省（区、市）医疗水平计算健康基尼系数，选择每万人口卫生技术人员数和每万人口医疗机构床位数两个指标。标准化后，各赋值权重 0.5 后进行加总，得到医疗水平综合指数。参考式（6-8），可计算区域之间的医疗水平差距（Hd）。

（3）除了以上被解释变量，为了验证社会发展差异的稳健性，使用基尼系数计算收入水平差距。基尼系数是国际上通用的衡量收入差异状况的指标，其主要的计算公式，见式（6-9）。

$$G = \frac{1}{2 n^2 \mu} \sum_{i=1}^{n} \sum_{j=1}^{n} | x_i - x_j | \qquad 式（6-9）$$

在式（6-9）中，G 为基尼系数，n 为个体数量，μ 为均值，x 为观测值。

使用城镇居民与农村居民的人均可支配收入之比，计算各省（区、市）内城乡收入差距 Yd_1，进而根据式（6-9）计算各省（区、市）内城镇收入差距 Yd_2、各省（区、市）内农村收入差距 Yd_3 和各省（区、市）内收入差距 Yd_4。

6.2.2.2　核心解释变量

（1）地区数字经济发展指标。

借鉴第 5 章的研究内容，地区数字经济发展指标的构建从数字基础设施、社会数字化、数字产业化、数字化融合发展四个角度进行综合测度。其中，数字基础设施反映了区域数字化的基础硬件情况，通过长途光缆密度、人均移动电话交换机容量和人均互联网宽带接入端口数衡量；社会数字化反映了数字化与地区社会经济的融合程度，通过互联网普及率、移动电话普及率和数字普惠金融指数衡量；数字产业化反映了区域数字化发展的产业支撑，通过数字产业就业人员在城镇单位就业人员的占比、数字产业固定资产投资在全社会固定资产投资的占比和数字产业收入在地区生产总值的占比衡量；数字化融合反映了数字技术对其他产业和经济发展的渗透和融合，是数字化的重要内涵，通过人均快递业务量、上市公司数字化程度和地方政府数字关注度反映。使用熵值法，计算其综合指数 D。

（2）中介变量指标。

市场化水平（Mar）。目前，市场化水平的衡量方式有民营化指数、市场分割指数和市场化指数，民营化指数使用私营经济就业与个体经济就业之和在总就业中的占比度量，市场分割指数通过地区的多种要素价格对比构建。本章使用民营化指数表示地区的市场化水平，即地区的市场化水平 = 1 – 城镇国有企业就业占城镇就业的比例。

去中心化指数（Dec）。一般来说，集聚程度越高，该地区的中心化程度越高，相应的去中心化程度越低。将产业集聚的倒数作为去中心化指数的代理变量，表示产业越分散，去中心化程度越高。集聚水平用区位熵指数的倒数表示。借鉴刘新智等（2022）的研究，取第二产业的增加值、第三产业的增加值在本地经济产出的占比（分别用 s_2 和 s_3 表示）计算区位熵指数，见式（6 – 10）：

$$agg_{it} = \frac{s_{2it}}{s_{2t}} + \frac{s_{3it}}{s_{3t}} \qquad 式（6 – 10）$$

计算 $Dec_{it} = 1/agg_{it}$，得到去中心化指数。

6.2.2.3 控制变量

根据既有研究，设置控制变量 X_{it}，具体包括：①产业高级化（Str），即第二产业与第三产业的比值；②城镇化水平（Urb），使用城镇人口占总人口的比重表示；③开放程度（Open），使用进出口额占GDP 的比重表示；④政府行为（Gov），使用政府财政支出占 GDP 的比重表示；⑤金融发展水平（Fin），使用机构存贷款余额占地区生产总值的比重表示。

6.2.2.4 数据来源和描述性统计

本章使用数据的时间跨度为 2011 ~ 2020 年，选取中国的 30 个省（区、市）。本章数据来源于中国的 30 个省（区、市）统计年鉴及《中国统计年鉴》《中国人口与就业统计年鉴》和万得（Wind）数据库。对涉及当年名义值的指标，使用平减指数或者价格指数，以 2011 年为基期进行处理。主要变量的描述性统计，见表 6 - 1。

表 6 - 1　　　　　　　　主要变量的描述性统计

变量	符号	样本数	均值	标准差	最大值	最小值
社会发展指数	SDI	300	0.260	0.132	0.011	0.785
社会发展差异指数	SDIgini	300	0.140	0.113	0.008	0.603
城乡收入差距	Yd_1	300	2.622	0.418	1.845	3.979
城镇收入差距	Yd_2	300	0.425	0.047	0.351	0.510
农村收入差距	Yd_3	300	0.428	0.048	0.350	0.509
省（区、市）内收入差距	Yd_4	300	0.427	0.046	0.350	0.510
数字经济发展指数	lnD	300	0.166	0.090	0.040	0.539
市场化水平	Mar	300	2.975	1.132	1.154	7.507
去中心化指数	Dec	300	0.580	0.144	0.247	0.889
受教育水平	Edu	300	9.207	0.891	7.473	12.782
产业高级化	Str	300	0.980	0.345	0.189	1.930
城镇化水平	Urb	300	59.006	12.218	35.030	89.600
开放程度	Open	300	0.192	0.150	0.001	0.796
政府行为	Gov	300	0.250	0.103	0.110	0.643
金融发展水平	Fin	300	2.975	1.132	1.154	7.507

资料来源：笔者根据本章提及的相关数据应用 Stata 17.0 软件计算整理而得。

6.3　实证结果

6.3.1　基准回归结果

先对基准模型式（6 - 1）进行固定效应回归和随机效应回归，Hausman 检验支持模型采取固定效应估计。基准模型的估计结果，见表 6 - 2。结果显示，无论是地区固定效应，还是时空双向固定效应，数字经济发展水平对社会发展指数（SDI）均存在显著的正向影响，在时空双向固定效应下数字经济发展水平对社会发展差异指数（SDIgini）也存在显著的正向影响。表 6 - 2 的列（2）和列（4）的估计结果显示，数字经济对社会发展具有促进作用，而对社会发展的提升作用没有缓解社会发展差异，甚至加剧了差异程度。从控制变量来看，产业结构高级化（Str）表示第二产业与第三产业的比值并未对社会发展有显著影响，但第二产业比重的上升会对社会发展差异产生显著的降低作用，可能的原因在于，第三产业的发展引起收入差异水平和发展差异水平降低。城镇化水平（Urb）对社会发展具有提升作用，对社会发展差异具有负向作用，但负向作用并不显著。地方的开放程度（Open）对社会发展具有显著的提升作用，而对社会发展差异的提升作用不显著。政府行为（Gov）对社会发展具有显著的负向作用，对社会发展差异具有显著的正向作用，说明政府的介入对社会发展和减少差异并没有起到调整作用。金融发展水平（Fin）对社会发展具有显著的促进作用，对降低发展差异也存在显著的促进作用。

表 6 - 2   **基准模型的估计结果**

变量	SDI		SDIgini	
	（1）	（2）	（3）	（4）
lnD	0.363 ***	0.130 *	0.009	0.413 ***
	(0.038)	(0.069)	(0.087)	(0.153)
Str	0.011	0.017	-0.062 **	-0.108 ***
	(0.011)	(0.011)	(0.024)	(0.024)
Urb	0.003 ***	0.000	-0.007 ***	-0.000
	(0.001)	(0.001)	(0.001)	(0.002)
Open	0.022 **	0.037 **	0.058	0.031
	(0.016)	(0.016)	(0.036)	(0.035)
Gov	-0.363 ***	-0.390 ***	0.600 ***	0.701 ***
	(0.068)	(0.068)	(0.156)	(0.151)
Fin	0.012 ***	0.015 ***	-0.028 ***	-0.026 ***
	(0.004)	(0.004)	(0.010)	(0.009)
常数	0.120 **	0.307 ***	0.457 ***	0.204
	(0.049)	(0.066)	(0.113)	(0.147)
时间固定效应	否	是	否	是
地区固定效应	是	是	是	是
观测数	300	300	300	300
R^2	0.641	0.676	0.180	0.305
样本数	30	30	30	30

注：括号内显示标准误，***，** 和 * 分别表示在 1%、5% 和 10% 的水平上显著。

资料来源：笔者根据本章提及的相关数据应用 Stata 17.0 软件计算整理而得。

6.3.2　稳健性检验

在稳健性检验中，本小节采用三种方法验证被解释变量和核心解释变量关系的稳健性：①通过更换被解释变量，以收入水平差距替代社会发展差距。因变量为收入差距的估计结果，见表 6 - 3。②更换核心解释变量，将核心解释变量滞后，降低互为因果的可能。核心解释变量滞后的估计结果，见表 6 - 4。③数字经济发展变量与数字经济环境变量之间可能存在潜在的内生性问题，即为了实现社会绩效的提升，会使经济体主动进行数字化改造，这种选择性偏差会使模型的估计结果产生一定偏误。为了处理内生性问题，可以使用工具变量法。在实际操作中，工具变量往往难以获取，动态面板模型是解释变量中包含被解释变量滞后项的模型，可以减少内生性问题。通常使用广义矩估计（包括系统 GMM 方法和差分 GMM 方法）对包含被解释变量滞后项的模型进行参数估计。

表 6 - 3　　　　　　　　　　　因变量为收入差距的估计结果

变量	(1)	(2)	(3)	(4)
	Yd_1	Yd_2	Yd_3	Yd_4
lnD	0.748 **	0.066	- 0.055	0.337 **
	(0.369)	(0.173)	(0.176)	(0.165)
控制变量	是	是	是	是
时间固定效应	是	是	是	是
地区固定效应	是	是	是	是
观测数	300	300	300	300
R^2	0.735	0.024	0.027	0.054
样本数	30	30	30	30

注：括号内为标准误，*** 、** 和 * 分别表示在 1% 、5% 和 10% 的水平上显著。
资料来源：笔者根据本章提及的相关数据应用 Stata 17.0 软件计算整理而得。

表 6 - 3 的估计结果显示，数字经济对城乡收入差距（Yd_1）和区域内收入差距（Yd_4）具有显著的促进作用，与上文提及的数字经济对社会发展差距的影响具有一致性，显示了基准模型估计结果的稳健性。数字经济对城镇收入差距（Yd_2）和农村收入差距（Yd_3）没有显著影

响，从估计系数上看，系数估计值较小，显示对农村收入差距存在不显著的负向影响。表6-4的估计结果显示，数字经济滞后一期的估计系数与基准回归的方向和显著性一致，但是，滞后二期的估计系数并不显著。

表6-4 　　　　　　　　　**核心解释变量滞后的估计结果**

变量	(1) SDI	(2) SDI	(3) SDIgini	(4) SDIgini
L. lnD	0.132 * (0.077)		0.401 ** (0.158)	
L2. lnD		0.130 (0.091)		0.219 (0.184)
控制变量	是	是	是	是
观测数	270	240	270	240
R^2	0.664	0.611	0.252	0.199
样本数	30	30	30	30

注：括号内为标准误，***、**和*分别表示在1%、5%和10%的水平上显著。由于篇幅关系，控制变量的估计系数不再显示。
资料来源：笔者根据本章提及的相关数据应用Stata 17.0软件计算整理而得。

系统GMM方法的估计结果，见表6-5。变量L.SDI和变量L.SDIgini表示对应因变量的滞后项。回归结果显示，列（1）和列（3）的AR（1）检验结果表明，存在扰动项一阶差分的自相关，AR（2）的检验结果表明扰动项的差分不存在二阶自相关，Sargan检验结果表明工具变量的有效性。除了表6-5中的列（4）外，其他列的估计结果显示，数字经济发展指数的系数显著为正，表明数字经济的发展会促进社会发展并加大社会发展差异。主要估计结果和基准回归结果的符号和显著性一致，显示了模型估计的稳健性。

表6-5 　　　　　　　　　**系统GMM方法的估计结果**

变量	差分GMM方法		系统GMM方法	
	(1) SDI	(2) SDIgini	(3) SDI	(4) SDIgini
L. SDI	-0.469 *** (0.085)		-0.451 *** (0.076)	

续表

变量	差分 GMM 方法		系统 GMM 方法	
	（1）	（2）	（3）	（4）
	SDI	SDIgini	SDI	SDIgini
L. SDIgini		−0.389 *		−0.302
		(0.214)		(0.232)
lnD	0.879 ***	0.581 **	0.774 ***	0.398
	(0.145)	(0.252)	(0.150)	(0.298)
控制变量	是	是	是	是
AR（1）	0.046	0.095	0.036	0.998
AR（2）	0.244	0.186	0.159	0.808
Sargan	0.116	0.514	0.149	0.663
观测数	240	240	240	240
样本数	30	30	30	30

注：括号内为标准误，＊＊＊、＊＊和＊分别表示在 1%、5% 和 10% 的水平上显著。由于篇幅关系，控制变量的估计系数不再显示。

资料来源：笔者根据本章提及的相关数据应用 Stata 17.0 软件计算整理而得。

6.3.3 中介效应检验

根据式（6-2）和式（6-3）的中介效应模型，利用逐步回归法进行估计，检验市场化水平和去中心化指数作为中介变量的中介机制。社会发展指数的中介机制检验结果，见表 6-6。表 6-6 显示，市场化水平和去中心化指数不是数字经济影响社会发展机制的中介变量。观察中介模型的系数发现，数字经济对市场化水平和去中心化指数的影响均不显著。原因可能在于，数字经济对中介变量同时存在正反两方面的影响，导致回归结果不显著。数字经济通过信息的快速流动，一方面，信息透明使市场机会被快速发现和利用，促进市场化；另一方面，数字经济中信息的快速变化，导致社会向更加保守的方向发展，阻碍了市场化的进行。在去中心化方面，数字经济同时具有集聚作用和分散作用，一方面，网络发展使资源分散；另一方面，促进了多中心集聚的形成。

表6-6 社会发展指数的中介机制检验结果

变量	M = Market			M = Dec		
lnD	0.130*	0.087	0.145**	0.130*	-3.650	0.134*
	(0.069)	(0.081)	(0.070)	(0.069)	(3.030)	(0.070)
M			0.061			0.001
			(0.040)			(0.001)
控制变量	是	是	是	是	是	是
时间固定效应	是	是	是	是	是	是
地区固定效应	是	是	是	是	是	是
观测数	300	300	300	300	300	300
R^2	0.676	0.762	0.679	0.641	0.305	0.645

注：括号内为标准误，***、**和*分别表示在1%、5%和10%的水平上显著。由于篇幅关系，控制变量的估计系数不再显示。

资料来源：笔者根据本章提及的相关数据应用Stata 17.0软件计算整理而得。

社会发展差异指数的中介机制检验结果，见表6-7。表6-7的结果说明，市场化水平和去中心化指数不是数字经济和社会发展差异指数的中介变量。观察中介模型的估计系数发现，数字经济对市场化水平和去中心化指数的影响均不显著，说明去中心化的中介机制不存在。

表6-7 社会发展差异指数的中介机制检验结果

变量	M = Market			M = Dec		
lnD	0.413***	0.087	0.407***	0.413***	-3.650	0.376**
	(0.153)	(0.081)	(0.155)	(0.153)	(3.030)	(0.151)
M			-0.023			0.010***
			(0.089)			(0.003)
控制变量	是	是	是	是	是	是
时间固定效应	是	是	是	是	是	是
地区固定效应	是	是	是	是	是	是
观测数	300	300	300	300	300	300
R^2	0.305	0.762	0.305	0.305	0.398	0.332

注：括号内为标准误，***、**和*分别表示在1%、5%和10%的水平上显著。由于篇幅关系，控制变量的估计系数不再显示。

资料来源：笔者根据本章提及的相关数据应用Stata 17.0软件计算整理而得。

6.3.4 非线性效应检验

考虑到数字经济的网络效应递增、边际效应递增和协同作用，本小节使用受教育水平和市场化水平两个门槛变量，对数字经济影响社会发展指数和社会发展差异指数存在的非线性效应进行实证检验。经过自助法反复抽样 300 次后，社会发展指数的门槛效应检验结果，见表 6-8。表 6-8 的结果表明，因变量为社会发展指数的受教育水平门槛变量显著通过了单一门槛检验，未通过双重门槛检验和三重门槛检验，而市场化水平则通过了双重门槛检验。社会发展差异指数的门槛效应检验结果，见表 6-9。因变量为社会发展差异指数的受教育水平门槛变量显著通过了单一门槛检验，未通过双重门槛检验和三重门槛检验，市场化水平未通过门槛检验。

表 6-8 社会发展指数的门槛效应检验结果

门槛变量	门槛检验类型	F 值	P 值	自助法次数	自抽样临界值		
					1%	5%	10%
Edu	单一门槛检验	28.050	0.003	300	22.996	18.624	15.646
	双重门槛检验	12.000	0.166	300	23.924	16.441	13.745
	三重门槛检验	11.211	0.363	300	42.762	32.394	24.682
Mar	单一门槛检验	13.111	0.156	300	22.542	18.693	14.699
	双重门槛检验	17.231	0.030	300	20.712	16.345	14.008
	三重门槛检验	12.040	0.593	300	44.552	29.881	25.357

资料来源：笔者根据本章提及的相关数据应用 Stata 17.0 软件计算整理而得。

表 6-9 社会发展差异指数的门槛效应检验结果

门槛变量	门槛检验类型	F 值	P 值	自助法次数	自抽样临界值		
					1%	5%	10%
Edu	单一门槛检验	36.191	0.013	300	43.585	20.971	17.862
	双重门槛检验	9.950	0.370	300	28.971	20.216	16.479
	三重门槛检验	12.671	0.393	300	33.608	26.583	22.795
Mar	单一门槛检验	14.790	0.246	300	34.466	26.122	21.715
	双重门槛检验	8.522	0.323	300	51.318	22.169	15.455
	三重门槛检验	3.551	0.843	300	46.121	24.321	17.406

资料来源：笔者根据本章提及的相关数据应用 Stata 17.0 软件计算整理而得。

面板门槛回归结果，见表 6 - 10。以 SDI 为因变量，受教育水平的门槛值将受教育水平分为低受教育水平（Edu ≤ 7.609）和高受教育水平（Edu > 7.609），表 6 - 10 列（1）的估计结果显示，数字经济对低受教育水平地区的社会发展具有显著的负向影响，而对高受教育水平地区的社会发展具有显著的正向影响。结果显示，数字鸿沟的存在，即受教育程度影响数字经济带来的社会发展水平提升的益处，对于低受教育群体或低受教育水平地区来说，数字经济将会拉大其与高受教育水平群体（地区）的社会绩效距离。

以 SDI 为因变量，市场化水平的门槛值将市场化水平分为低市场化水平（Mar ≤ 0.455）、中市场化水平（0.455 < Mar ≤ 0.745）和高市场化水平（Mar > 0.745），估计结果如表 6 - 10 的列（2）所示。估计结果显示，数字经济对社会发展的作用强度与市场化水平有关，相对于低市场化水平的地区和高市场化水平的地区，在中市场化水平的地区数字经济对社会发展的促进作用更弱。结果说明，一方面，数字经济有利于拉近中低市场化水平地区的社会发展距离；另一方面，数字经济在高市场化水平地区的作用更大，拉大了与其他地区之间的差距。

以 SDIgini 为因变量，受教育水平的门槛值将受教育水平分为低受教育水平（Edu ≤ 10.496）和高受教育水平（Edu > 10.496），估计结果如表 6 - 10 的列（3）所示。估计结果显示，数字经济对低受教育水平地区的社会发展差距具有显著正向影响，而对高受教育水平地区的社会发展差距具有显著负向影响。结果显示出数字鸿沟的存在，受教育水平影响数字经济对社会发展差距带来的好处，对于低受教育的群体或低受教育水平地区而言，数字经济将会拉大其与高受教育水平群体（地区）的差距，对于高受教育水平群体（地区）而言，数字经济将会拉近高受教育水平群体（地区）内部的差距。与表 6 - 10 的列（1）的估计结果对比发现，受教育水平与数字经济之间存在协同作用，提升社会发展水平，降低社会发展差异。另外，列（3）显示更高的受教育水平门槛值，即要降低社会发展差异，需要更高受教育水平的支持。

表 6 – 10　　　　　　　　　　面板门槛回归结果

变量	门槛变量：Edu	门槛变量：Mar	门槛变量：Edu
	因变量：SDI	因变量：SDI	因变量：SDIgini
	方程（1）	方程（2）	方程（3）
Str	0.014	0.020 *	− 0.063 ***
	(0.010)	(0.011)	(0.023)
Urb	0.003 ***	0.003 ***	− 0.012 ***
	(0.001)	(0.001)	(0.002)
Open	0.032 **	0.023	0.066 **
	(0.015)	(0.015)	(0.033)
Gov	− 0.437 ***	− 0.441 ***	0.315 **
	(0.056)	(0.057)	(0.122)
lnD·I	− 0.318 **	0.354 ***	0.427 ***
（thr≤h1）	(0.137)	(0.062)	(0.106)
lnD·I	0.359 ***	0.282 ***	− 0.273 ***
（h1 < thr≤h2）	(0.037)	(0.047)	(0.090)
lnD·I		0.367 ***	
（thr > h2）		(0.041)	

注：括号内为标准误，*** 、** 和 * 分别表示在 1% 、5% 和 10% 的水平上显著。由于篇幅关系，控制变量的估计系数不再显示。

资料来源：笔者根据本章提及的相关数据应用 Stata 17.0 软件计算整理而得。

6.3.5　空间效应分析

6.3.5.1　空间效应检验

不同空间权重矩阵下 2011 ~ 2020 年社会发展指数的全局 Moran's I 值，见表 6 – 11。利用第 5 章 5.2.2.4 小节介绍的 Moran's I 值计算方法，本小节考察社会绩效的空间集聚特征。结果显示了 2011 ~ 2020 年的空间邻接权重。矩阵、地理距离空间权重矩阵和经济距离空间权重矩阵下的社会发展指数的 Moran's I 值及其显著性和 Z 值，结果说明，在样本期内各年的社会发展指数均具有地理关联特征和经济关联特征。随着时间推移，各矩阵下的 Moran's I 值呈现波动下降的特征，表明集聚性在减弱。其中，地理距离空间权重矩阵下的 Moran's I 值相较最大，表现出地理距离相近的集聚性更强；经济距离空间权重矩阵下的 Moran's I 值与地理距离空间权重矩阵下的 Moran's I 值相差不大，表明经济差距较小的地区社会发展指数相互影响比较明显，表现出较强的经济集聚性。

表6-11　不同空间权重矩阵下2011~2020年社会发展指数的全局 Moran's I 值

空间矩阵	2011 年	2012 年	2013 年	2014 年	2015 年
空间邻接权重矩阵	0.099 *** (3.108)	0.113 *** (3.406)	0.108 *** (3.334)	0.105 *** (3.238)	0.099 *** (3.092)
地理距离空间权重矩阵	0.781 *** (5.996)	0.732 *** (5.537)	0.764 *** (5.897)	0.659 *** (5.033)	0.628 *** (4.790)
经济距离空间权重矩阵	0.657 *** (4.191)	0.685 *** (4.276)	0.666 ** (4.266)	0.655 *** (4.118)	0.654 *** (4.097)
空间矩阵	2016 年	2017 年	2018 年	2019 年	2020 年
空间邻接权重矩阵	0.093 *** (2.958)	0.091 *** (2.921)	0.088 *** (2.860)	0.069 *** (2.452)	0.058 ** (2.167)
地理距离空间权重矩阵	0.615 *** (4.741)	0.642 *** (4.986)	0.624 *** (4.881)	0.459 *** (3.784)	0.556 *** (4.401)
经济距离空间权重矩阵	0.633 *** (4.008)	0.630 *** (4.032)	0.606 *** (3.912)	0.483 *** (3.286)	0.509 *** (3.337)

注：*** 和 ** 分别表示在1%和5%的水平上显著，括号内为 Z 值。
资料来源：笔者根据本章提及的相关数据应用 Stata 17.0 软件计算整理而得。

　　因为空间相关性的存在，所以，需要建立空间计量模型，更加准确地衡量数字经济发展对社会发展指数的作用。为了选择准确的空间计量模型，先进行 LM 检验。通过对普通 OLS 回归进行空间误差检验和空间滞后 LM 检验，来选择合适的空间估计模型。因变量为 SDI 的 LM 检验，见表6-12。根据表6-12可知，在空间邻接矩阵下应设置具有空间滞后和空间误差自相关的空间杜宾模型（SDM）。计算得到的 Hausman 检验结果在1%的显著性水平上显著，支持模型采取固定效应估计。使用似然比检验（likelihood ratio test，LR 检验）发现，时空双向固定效应模型更好。为了避免空间杜宾模型的退化，使用 LR 检验两个退化模型假设，结果发现在1%的显著性水平上拒绝了退化的原假设，即表明空间杜宾模型是较优选择。因此，最终采用时空双向固定效应的空间杜宾模型进行回归分析。

表 6 - 12		因变量为 SDI 的 LM 检验				
检验类型	空间邻接权重矩阵		地理距离空间权重矩阵		经济距离空间权重矩阵	
	LM 值	P 值	LM 值	P 值	LM 值	P 值
LM-Error 检验	9. 044	0. 003	1. 523	0. 217	0. 637	0. 425
稳健 LM-Error 检验	10. 826	0. 001	3. 564	0. 059	0. 164	0. 685
LM-Lag 检验	4. 560	0. 033	7. 383	0. 007	0. 512	0. 474
稳健 LM-Lag 检验	6. 342	0. 012	9. 424	0. 002	0. 039	0. 843

资料来源：笔者根据本章提及的相关数据应用 Stata 17.0 软件计算整理而得。

2011 ~ 2020 年社会发展差异指数的全局 Moran's I 值，见表 6 - 13。计算结果说明，社会发展差异指数在空间邻接权重矩阵体现出较弱的空间关联特征，在地理距离空间权重矩阵和经济距离空间权重矩阵中，大多数年份出现了显著的 Moran's I 值，但比社会发展指数小。在社会发展差异指数为因变量的模型中，普通 OLS 回归检验发现，数字经济的影响并不显著，不能通过 LM 检验，因此，不对其设置空间计量模型。

表 6 - 13	2011 ~ 2020 年社会发展差异指数的全局 Moran's I 值				
空间矩阵	2011 年	2012 年	2013 年	2014 年	2015 年
空间邻接权重矩阵	- 0. 034	- 0. 062	- 0. 036	- 0. 035	- 0. 038
地理距离空间权重矩阵	0. 260 **	- 0. 120	0. 299 **	0. 229	0. 219
经济距离空间权重矩阵	0. 426 ***	0. 238	0. 357 **	0. 370 **	0. 307 **
空间矩阵	2016 年	2017 年	2018 年	2019 年	2020 年
空间邻接权重矩阵	- 0. 033	- 0. 033	- 0. 029	- 0. 031	- 0. 054
地理距离空间权重矩阵	0. 287 **	0. 340 ***	0. 420 ***	0. 273 **	0. 076
经济距离空间权重矩阵	0. 322 **	0. 266	0. 348 **	0. 306 **	- 0. 020

注：*** 、** 和 * 分别表示在 1%、5% 和 10% 的水平上显著，括号内为 Z 值。
资料来源：笔者根据本章提及的相关数据应用 Stata 17.0 软件计算整理而得。

6.3.5.2　空间计量结果

因变量为 SDI 的空间计量模型回归结果，见表 6 - 14。根据 SDM 的估计结果，数字经济发展指数的系数为正值，且在 1% 的水平上显著，表明本地数字经济发展水平越高，社会发展指数越高。表 6 - 14 的（W×X）列说明，数字经济发展水平的空间滞后项系数为正，且在 1% 的水平上显著，表明数字经济发展具有显著的正向空间作用，即本地数字经济发展水平越高，对其他省（区、市）的社会发展水平越具有促进作用。被解释变量的空间滞后系数（rho）为负，说明本地社会发展水平对周边省（区、市）的社会发展水平的全局影响为负，说明社会发展水平高的省（区、市）对邻接的省（区、市）具有虹吸作用。

表6－14　　　　　　　因变量为 SDI 的空间计量模型回归结果

变量	SAR	SEM	SDM	
	SDI	SDI	SDI	W × X
lnD	0.149 **	0.146 **	0.246 ***	1.342 ***
	(0.065)	(0.065)	(0.072)	(0.484)
rho	− 0.291		− 0.544 **	
	(0.198)		(0.248)	
λ		− 0.466 *		
		(0.252)		
σ²	3.090 × 10⁻⁴ ***	3.060 × 10⁻⁴ ***	2.860 × 10⁻⁴ ***	
	0.000	0.000	0.000	
控制变量	是	是	是	
观测数	300	300	300	
R²	0.146	0.237	0.256	

注：括号内为标准误，＊＊＊、＊＊和＊分别表示在1%、5%和10%的水平上显著。由于篇幅关系，控制变量的估计系数不再显示。
资料来源：笔者根据本章提及的相关数据应用 Stata 17.0 软件计算整理而得。

空间杜宾模型解释了各省（区、市）之间的空间相关性，其参数估计结果并不能反映空间溢出效应真实的作用效果，将自变量对社会发展指数的影响系数分解为直接效应、间接效应以及总效应。空间效应分解结果，见表6－15。表6－15 的结果显示，数字经济发展水平的直接效应、间接效应及总效应均为正且通过了显著性检验，表明本省（区、市）的数字经济发展水平不仅对本省（区、市）的社会发展水平具有正向促进作用，并具有显著的空间溢出效应。若忽略空间因素的影响，则会低估数字经济促进社会发展水平的作用效果。对于控制变量，城镇化（Urb）具有显著的空间正向溢出作用，开放程度（Open）具有显著的空间负向溢出作用，政府行为（Gov）和金融发展水平（Fin）主要影响本地。

表 6 - 15　　　　　　　　　　空间效应分解结果

变量	直接效应	间接效应	总效应
lnD	0.220 ***	0.838 **	1.058 ***
Str	0.012	- 0.047	- 0.035
Urb	0.001	0.017 ***	0.019 ***
Open	0.001	- 0.215 **	- 0.214 **
Gov	- 0.301 ***	0.257	- 0.044
Fin	0.014 ***	0.006	0.021

注：括号内为标准误，＊＊＊、＊＊和＊分别表示在 1%、5% 和 10% 的水平上显著。
资料来源：笔者根据本章提及的相关数据应用 Stata 17.0 软件计算整理而得。

6.4　本章小结

本章分析了数字经济影响社会绩效的理论机制，将社会绩效分为社会发展指数和社会发展差异指数，根据理论机制设定假设，认为数字经济发展可以影响社会绩效，其中，存在中介机制、非线性效应和空间效应。然后，构建实证模型进行实证研究。主要研究结论有以下四点。

（1）针对 H6 - 1，实证结果发现，数字经济影响社会绩效的水平和差异，其中，对社会发展水平具有显著的促进作用，而对社会发展差异的增大具有提升作用，即没有缩小社会发展差异，甚至加剧了社会发展差异的程度。通过更换被解释变量、更换核心解释变量对系统 GMM 方法估计结果和差分 GMM 方法估计结果进行稳健性检验，证明了该结果具有稳健性。

（2）针对 H6 - 2，理论分析认为，市场化水平和去中心化指数是数字经济影响社会发展水平和社会发展差异的中介变量，但实证结果发现，中介机制并不存在，进行 Sobel 检验和 Bootstrap 检验证明了结果的稳健性。观察中介模型的系数发现，数字经济对市场化水平和去中心化指数的影响均不显著，可能是数字经济对中介变量同时存在正反两方面的影响，从而导致回归结果不显著。

（3）针对 H6-3，以 SDI 为因变量，受教育水平为门槛变量，估计结果显示，数字经济对低受教育水平地区的社会发展具有显著的负向影响，而对高受教育水平地区的社会发展具有显著的正向影响；以 SDI 为因变量，市场化水平为门槛变量，估计结果显示，数字经济有利于拉近中低市场化水平地区的社会发展差距，而数字经济在高市场化水平地区作用更大，拉大了与其他地区之间的差距；以 SDIgini 为因变量，受教育水平为门槛变量，估计结果显示，数字经济对低受教育水平地区的社会发展差距具有显著的正向影响，而对高受教育水平地区的社会发展差距具有显著的负向影响。该部分的实证结果证明了数字鸿沟的存在，受教育水平越高将导致社会发展水平越高、社会发展水平差异越低，使得社会绩效提升。

（4）针对 H6-4，在空间邻接矩阵下估计了因变量为 SDI 的空间计量模型，实证结果发现，数字经济发展具有显著的正向空间作用，若忽略空间因素的影响，则会低估数字经济促进社会发展水平的作用效果。本地数字经济发展水平越高，对其他地区的社会发展水平越具有促进作用，社会发展水平高的地区对邻接地区具有虹吸作用。

第7章 数字经济赋能可持续转型的主体和过程研究

单一主体的转型逻辑，越来越难以弥合可持续理念与可持续发展实践之间的鸿沟，亟须探索一种新的分析范式与行动框架以研究可持续转型。本章从主体视角和过程视角出发，对数字经济赋能主体行为和可持续转型过程的作用机制进行研究。在数字经济持续融合发展和可持续转型的复杂背景下，如何激励利益相关主体沿着预期的路径实现可持续转型是重要的科学问题。一方面，数字经济为社会技术系统提供可持续转型的创新利基；另一方面，数字经济为传统行业的可持续转型提供技术支撑，为可持续创新利基扩大规模打开机会空间，实现对传统行业的改造。通过引入主体视角和过程视角下的可持续转型理论和思想，构建基于 3C 过程的可持续转型分析框架，评价数字经济与产业部门、区域治理相结合的可持续转型过程，研究数字经济支持可持续创新利基的主体行为的转变过程。

7.1 主体—过程视角下可持续转型的理论基础

7.1.1 价值共创理论

古典经济学认为消费系统和生产系统是分离的，因此，消费者在市场中扮演着被动的角色。价值共创（value co-creation）概念的最初提出主要是为了说明消费者如何主动和供给者（即企业）互动，以提高消费者的消费体验（Prahalad and Ramaswamy，2004）。之后，学者们将消费者作为资源的整合者（Vargo and Lusch，2004），认为产品价值体现在使用过程中（value-in-use），建议企业从服务角度提高产品的使用价值，促进价值共创过程。因此，市场主体的角色被重新定义，成为相互成就的合作共赢关系。价值共创强调了市场中供给者和消费者之间的合作机会，从而在可能的空间和流程上创造更多价值。生产消费（prosumption）一词最早出现在 20 世纪 80 年代，用来描述当时消费者"自己动手"（do-it-yourself）实现消费的行为。此后，在消费者研究和社会经济研究中提出了生产消费的概念，布罗迪等（Brodie et al.，2013）将生产消费定义为生产者和消费者共同创造商品和服务的连续关系。

为了实现互惠服务，企业为消费者提供价值主张，让消费者作为生产消费者进行价值共创。这样，企业和消费者都有效地整合了各自资源并响应彼此的需求。因为价值共同创造活动嵌入在特定的社会结构和社会网络中并被（重新）配置（Vargo and Lusch，2008；Bo et al.，2011），所以，价值必须在特定的环境中共同创造。价值共创过程，见图 7 - 1。产消者（prosumer）① 可能将其闲置能力（人力资本、智力资本和物质资本）投入设计、制造、分销等关键生产过程中，与企业共同构建价值共创空间。在此生产过程中，产消者的双重角色相互交织，共同创造产出。产消者在价值共同创造活动中的重要性日益上升，这是企业将其作为竞争优势的关键来源。价值共创过程可以帮助企业理解并满足消费者的需求，提高企业的商业利益。

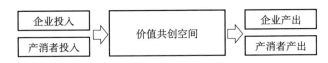

图 7 - 1　价值共创过程

资料来源：Lan J.，Ma Y.，Zhu D.，et al. Enabling Value Co-Creation in the Sharing Economy：The Case of Mobike［J］. Sustainability，2017，9（9）：3.

日益普及的互联网和数字技术极大地改变了消费者与生产者的关系，

---

① 产消者（prosumer）是指，参与生产活动的消费者，他们既是消费者又是生产者。

主要原因在于，技术大大降低了共同创造价值的成本，使消费者有能力进行创造、合作、生产。在此背景下，许多产品和服务往往由生产者和消费者共同生产，模糊了消费者与企业、消费者与消费者、消费者与劳动者（即个体生产者）之间的界限（Lan et al.，2017），消费者与生产者的角色关系呈现网状结构，企业和生产消费者之间的价值共创进一步发展。生产者和消费者有多种角色和责任可供选择，既可以作为生产者分享他们的闲置商品和备用能力，也可以作为消费者获取商品和服务。例如，某手机用户在相关论坛上为产品提出很多建议，企业根据用户建议升级软硬件，得到有效回应的用户对相关产品更加喜爱，形成良性的价值共创循环。在上述过程中，企业并非传统市场中的产品供应商，主导市场行为，消费者也在其中发挥重要作用。再例如，用户在短视频平台消费和制作视频、平台获得用户和收益的过程，也是典型的价值共创过程。与传统商业模型相比，互惠感和社区归属感在数字经济中更为普遍和关键。在高度连接的数字经济中，互惠感和社区归属感不仅对市场推广有帮助，而且，对于维持网络效应、确保积极的使用结果、维持用户参与、防止参与者的不当行为等都至关重要。一些学者认为，平台经济中的某些用户容易滥用规则或行为不端。例如，某些用户故意违反设定的规则，利用系统漏洞，从事盗窃、破坏公物和"搭便车"等行为（Celata et al.，2017）。因此，规范用户的可持续价值共创行为对于减少可能的负面行为、有效管理数字经济商业生态、提高价值共创的绩效至关重要（Bardhi and Eckhardt，2012）。

　　基于利益相关者共同创造价值的观点，将价值共创理论应用至区域层面以实现更大范围的可持续转型（Ma et al.，2020）。可持续转型有赖于有效的绿色商业实践（green business practice），只有在利益相关者（用户、政府、研究机构等）积极而持续的支持下，具有可持续绩效的产品和服务才能在市场上获得成功（Martin and Upham，2016）。基于价值共创，用户从绿色产品或绿色服务的被动消费者，转变为积极的可持续价值共同创造者，为了支持这种行为，绿色商业实践应该有意地、熟练地、持续地识别和培育，让社会中的关键参与者和新兴参与者进行社会学习，以维持可持续的价值共创行为。

7.1.2 协同演化理论

可持续转型的协同演化理论，是分析商业生态系统与可持续转型系统关系的理论（Ma et al. , 2017）。商业生态系统借用生态系统的概念，是指由不同的利益相关者主体组成的经济共同体（包括产业参与者、政府、行业协会、竞争对手、客户等），这些主体在社会技术系统中相互作用，共同进化（Moore, 1993; Rong and Shi, 2014），形成经济联合体。因为需要利益相关者在行业成熟之前促进其商业化过程，所以，商业生态系统对新兴技术和商业模式的培育和发展非常重要。例如，中国智能手机行业的蓬勃发展，离不开其商业生态系统内具有强大设计能力和制造能力的利益相关者的支持（Rong et al. , 2011）。

商业生态系统框架，见图 7-2。商业生态系统包括价值网络和资源池，这两个构成要素只有同时存在，才能产生稳定的商业环境。一方面，价值网络是核心商业、供应链和平台等可产生价值的网络，承载着利益相关者参与的创业活动和网络活动，使商业生态系统进化成为一种生产互动的"栖息地"；另一方面，资源池包括人力资本、金融资本、社会资本、政治资本、文化资本和物资资本，它们在支持价值网络的增长方面发挥着至关重要的作用。特别是在新兴产业的初期阶段，这种资源池非常重要。例如，在中国深圳的手机商业生态系统中，支持商业发展的资源池，包括税收优惠和基础设施一揽子计划，以及地方政府提供的其他激励措施，这些都吸引了投资，促进手机价值网络的出现（Rong and Shi, 2014）。

在商业生态系统中，关键在于如何将资源池转化为价值网络中的产品或者服务，从而提供价值。这时，合作机制引导价值网络与资源池的互动和协同演化。该机制有两个组成部分：一是通过愿景共享机制，将资源池转化为价值网络，实现升级转型；二是通过反馈回路，丰富价值网络并更新资源池。相互作用、共同进化的过程驱动商业生态系统的发展，培育和发展新兴产业，从而使得商业生态系统中的要素在不同行业部门或产业间迁移。综上所述，商业生态系统不仅包含价值网络和资源池，而且，促进转型和反馈过程的互动和演化合作机制。

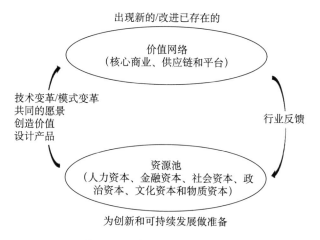

图 7-2 商业生态系统框架

资料来源：Ma Y., Rong K., Mangalagiu D., et al. Co-evolution between Urban Sustainability and Business Ecosystem Innovation：Evidence from the Sharing Mobility Sector in Shanghai ［J］. Journal of Cleaner Production，2018，188：949.

商业生态系统始终处于动态演化过程中，内部要素的演化目标一般是占据（核心）生态位、在商业环境中获取盈利。可持续转型协同演化主要研究商业生态系统支持可持续转型的过程，即将商业生态系统置于部门或区域中，在可持续转型目标的引导下，观察商业生态系统的演变过程。商业生态系统可持续转型过程需要分析三个基本组成部分：第一，外部物理约束。这包括商业生态系统发展和维持自身所需的外部气候、地理条件、基础设施等。第二，知识系统。通过解构和分析知识系统，理解不同层次主体对可持续转型的认知及其可持续转型能力，从而定义可持续转型的机会空间。例如，当面对可持续转型的瓶颈、失败和新需求时，基于知识系统的解决方法、资源和路径有哪些。第三，关键社会经济关系。在进行转型时，关键社会经济关系会产生推动作用或者阻碍作用，会改变商业生态系统的韧性和脆弱性。这些关键社会关系塑造了不同利益相关者之间、主体与制度之间、不同层次的制度与宏观政治经济背景之间的动态作用。支持可持续转型的商业生态系统，也可能引领部门和区域的物理环境、社会经济关系和知识系统进入更可持续的轨道。然而，这种发展并不是遵循线性的路径，它呈现出一种向上的螺旋模式，伴随着振荡，朝着更可持续的方向发展。在数字经济中，这种螺旋状的可持续转型路径是通过数字经济创新、可持续发展愿景与部门和区域发展规划之间的相互作用演变而来的。

7.1.3 合作治理理论

合作治理（Collaborative Governance，CG）是一个较为宽泛的概念，一般是指多主体合作的协作过程和治理结构，旨在应对公共问题、制定或执行公共政策、管理公共资产。合作治理理论已被广泛应用于环境管理、气候和可持续转型治理中，它强调跨界合作实现公共目的的重要性。多主体不仅包括政府部门，还包括非政府部门，如企业、科研机构、市民等。合作治理的综合分析框架，见图 7 – 3。

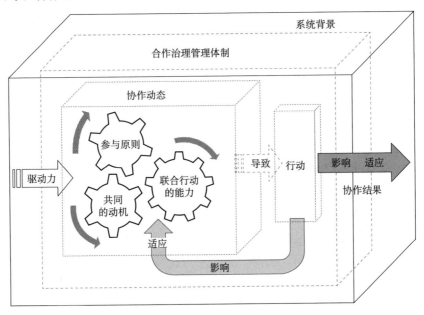

图 7 – 3　合作治理的综合分析框架

资料来源：Emerson K. , Nabatchi T. , Balogh S. An Integrative Framework for Collaborative Governance［J］. Journal of Public Administration Research and Theory, 2012, 22（1）: 6.

艾默生等（Emerson et al.，2012）提出了合作治理综合分析框架，该框架由 4 个嵌套的部分组成治理过程，包括系统背景、驱动力、合作治理体制及协作结果。系统背景一般包括政治、法律、社会经济、环境和文化影响的多层次背景，合作治理在系统背景中产生和发展，同时孕育变化动力。根据不同的情况，驱动力（driver）有不同形式，包括领导能力、间接激励、相互依赖的行为和发展的不确定性等，这些驱动力可能形成相互作用，引发合作治理体制的改变，以实现共同目标。合作治理体制（Collaborative Governance Regime，CGR）是该框架的核心，即协作动态，协作动态由参与原则、共同动机和联合行动能力三者相互作用并相互影响，是公共决策的特定模式或特定系统，其中，多主体合作代表了普遍的行为模式和活动模式。协作动态产生的协作产出（output）及具体产出与背景和诉求相关。协作结果（outcome），包括影响结果和适应结果。影响结果与子系统背景和诉求相关，适应结果包括系统背景改变、合作治理体制改变以及协作动态改变。合作治理的过程诊断模型，见表 7 - 1。该表基于合作治理综合分析框架构建，用于分析合作治理过程。

表 7 - 1　　　　　　　　　　合作治理的过程诊断模型

过程维度	组成		要素
系统背景			资源条件、政策法律框架、之前的失败、政治或权力关系、关系网络、冲突或者信任程度、社会经济情况和文化背景
驱动力			领导力、间接激励、依赖性、不确定性
合作治理管理体制	协作动态	参与原则	发现、定义、决定
		共同的动机	相互信任、相互理解、合法性、共同承诺
		联合行动的能力	程序性或者制度性安排、领导力、知识、资源
	协作产出		与系统背景和诉求相关，包括保证背书、制定政策法规、调配资源、安置员工、制定管理方案，监管执行、强制遵守等行动
协作结果	影响		与子系统背景和诉求相关，目的在于替换系统背景中已有条件或者预期条件
	适应		系统背景改变、合作治理体制改变、协作动态改变

资料来源：Emerson K.，Nabatchi T. Evaluating the Productivity of Collaborative Governance Regimes：A Performance Matrix [J]. Public Performance & Management Review，2015，38（4）：730.

7.1.4 基于 3C 过程的可持续转型分析框架

基于以上理论背景，本小节构建基于 3C① 过程的可持续转型分析框架，见图 7 – 4。图 7 – 4 评价数字经济与部门/区域的可持续目标结合所带来的可持续转型过程而进行的价值共创（co-creating value）、协同演化（co-evolution）和合作治理（co-governance）。上述 3C 过程的共同基础是利益相关者主体的相互作用，3C 的区别在于所涉及过程的侧重点不同。价值共创侧重主体的角色转变过程及行为能动性，协同演化侧重数字经济与现有系统之间的作用过程及改变，合作治理侧重目标协同、利益分配和合法性空间的构建。当数字经济介入并影响现有的经济技术系统时，会打乱行为主体的行动，改变行为过程，为实现部门和区域可持续转型目标创造机会空间（Cohen and Kietzmann，2014；Cohen and Muñoz，2016）。

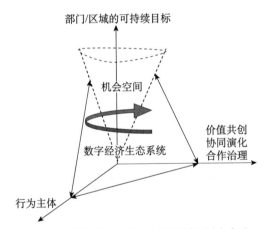

图 7 – 4 基于 3C 过程的可持续转型分析框架

资料来源：笔者根据上文理论研究应用 Office 365 软件整理绘制而得。

一般来说，虽然政府普遍欢迎数字技术所带来的赋能及各种创新利基，但需要注意的是，数字经济对可持续转型的总体影响仍在演变。随着数字技术在可持续转型关键部门（如能源、城市交通和城市管理）中应用的深入，如果当前制度、治理结构和基础设施等没有发展出应对、

---

① 价值共创、协同演化和合作治理的英文表达都以字母 C 为开头，因此，将三者合称为 3C。

吸收和适应数字技术的能力，可能导致数字经济赋能可持续转型的失败。利益相关者是能影响系统目标的实现、或能被系统实现目标过程影响的各类主体。实践证明，利益是社会中所有个体及组织的联结点，一切社会关系都离不开利益。数字经济赋能可持续转型过程的重点在于协同和平息利益相关者之间的利益冲突，因此，在进行可持续转型过程评估时需要全面关注各利益相关方的诉求，利用数字经济各种创新利基打开的机会空间，扩大影响规模，实现部门区域可持续转型目标。

7.2　数字经济与能源产业可持续转型

7.2.1　转型现状分析

　　能源系统是研究和实现将自然界的能源转变为人类社会生产和社会生活所需要的特定能量服务形式的社会经济子系统，通常由能源勘探、开采、运输、加工、分配、转换、储存、输配、使用和环境保护等一系列环节及其设备组成。在可持续转型目标下，能源系统技术路径要进行从高碳能源系统向低碳能源系统的转型。其中，高碳能源系统是指，以高碳排放的化石能源为基础构建的生产环节、市场环节和消费环节及行为主体。生产环节包括，煤炭、石油、天然气等化石能源的开采、炼化生产、能源转换和能源输送等。市场环节是高碳能源的本地市场和跨区域市场，因为基础设施的完备性与高碳能源资源地域分布的不均衡性，所以，跨区域市场是主要市场，并且，各区域市场之间存在分割现象。低碳能源系统是指，以低碳排放的可再生能源或清洁能源为基础而构建的生产环节、市场环节和消费环节及行为主体。生产环节包括清洁能源的开采、转换和输送等，主要是将清洁能源转换为电能进入市场。低碳能源市场的构建，一方面，依托传统的电网市场进行供给，有本地市场和跨区域市场；另一方面，部分清洁能源（如太阳能）的分布性特征明显，家庭和个人都可以成为能源的生产者和供给者，这种分布式能源项目主要依托本地能源市场进行供给和消费。在终端消费环节，企业和家庭是主要的能源消费方，根据能源需求在市场中购买能源，包括节能技术、能源管理方式和节能设备等。

数字经济的发展与能源系统紧密相关，能源系统基于数字技术的应用进行能源转型，而电力为数字经济的发展和技术扩散提供能源支持。美国学者杰里米·里夫金（Jeremy Rifkin）于2011年在其著作《第三次工业革命》（*The Third Industrial Revolution*）中，设想未来能源体系是将能源系统与数字经济深度融合的能源互联网（energy internet）。能源互联网是数字经济时代能源产业发展的新业态，是基于能源系统而构建、连接市场各参与者的信息系统和服务系统。它综合利用先进的电力电子技术、信息数据处理技术和智能管理技术，与智能微电网、分布式能源负荷装置及各类能源终端互联，从而实现能量信息双向流动的能量对等交换与网络共享（陈启鑫等，2015）。能源互联网综合利用信息技术部门和生产部门的关联效应，扩大了关联产业在能源生产、传输、储存、消费过程中实现能源优化集成，与能源市场深度融合，具有设备智能、多能协同、信息对称、供需分散、系统扁平、交易开放等主要特征。电力能源系统信息化能源解决方案，见表7-2。

表7-2　　　　　　　　　电力能源系统信息化能源解决方案

概念	内容
分布式发电运行管理	通过智能管理一体机，对分布式发电侧的设备和电站进行数据全采集和前端计算，构建全景数据体系，结合大数据处理技术，挖掘价值潜力，提供7×24小时数字化监控与数字化管理，保障电站的发电效率和设备可利用率，实现智能化运营和智能化管理
高级量测	通过智能电表的数据采集、数据管理和数据应用，提供基于云平台的业务服务，实现用户的预付费和后付费、用电信息分析、用户计费支持等
能源大数据服务	通过构建平台、建立标准、汇集整合、数据治理、数据管控等工作，搭建数据中心平台，提供各类业务数据综合应用需求，具体包括，异常用电行为识别、配网画像与可靠性分析、故障诊断与优化等
智慧能源管理	依托营销、费用控制、采集等自动化系统积累的用能数据进行数据分析，构建用户电力负荷预测模型。利用用电量价格费用历史数据和用电负荷数据，提供用能分析、账单优化工作，优化用户的电价结构、负荷曲线等，提高综合能效管理效率，降低能源成本

资料来源：笔者根据云谏能源网站，http://www.ci-energy.com的相关信息整理而得。

能源互联网的构建，需要物联基础、数字孪生技术、大数据技术、人工智能技术、区块链技术等。物联基础需要传感器、控制和软件应用程序等硬件和软件，将能源生产端、能源传输端、能源消费端的设备、机器、系统连接起来；数字孪生技术可进行数字模拟，实时检测能源的供应和需求，进行动态调整；大数据和人工智能技术整合运行数据、天气数据、气象数据、电网数据、电力市场数据等，进行大数据分析、负荷预测、发电预测、机器学习等，打通能源生产端和能源消费端，优化运作效率；区块链技术帮助市场主体进行能源交易，有助于形成能源资产市场，控制新能源投资风险。因此，基于能源互联网，数字技术可实现对能源资产的全生命周期管理，通过能源市场可有效地整合产业链上下游各方，实时匹配供需信息，整合分散需求，形成能源交易和需求响应。扩大的关联产业和能源系统新模式能使更多的资本和主体进入能源领域，有机会进行低风险、低成本交易（主要是电力能源），实现多种盈利模式，例如，屋顶分布式光伏电站发电、电动汽车充放电等能源供需方案。

2015 年，中国倡议构建全球能源互联网，推动以清洁方式和绿色方式满足全球电力需求，提出了"互联网＋"行动计划，明确了能源革命与数字技术相结合的转型方向。2016 年 3 月，全球能源互联网发展合作组织由中国国家电网独家成立，是中国在能源领域发起成立的首个国际组织。2016 年，国家发展和改革委员会、国家能源局、工业和信息化部联合制定的《关于推进"互联网＋"智慧能源发展的指导意见》，明确了能源互联网建设目标：2016～2018 年，着力推动能源互联网试点示范工作，建成一批不同类型、不同规模的试点示范项目；2019～2025 年，着力推动能源互联网多元化、规模化发展，初步建成能源互联网产业体系，形成较完备的技术体系及标准体系并推动实现国际化。① 2017 年 8 月，全国 55 个首批"互联网＋"智慧能源（能源互联网）示范项目陆续开工，

---

① 国家发展和改革委员会，国家能源局，工业和信息化部. 关于推进"互联网＋"智慧能源发展的指导意见［EB/OL］. ［2016－2－24］（2022－8－10）. https：//www. gov. cn/gong-bao/content/2016/content_5082989. htm.

中国能源互联网进入实操阶段，其中，包括城市能源互联网综合示范项目、园区能源互联网综合示范项目、跨地区多能协同示范项目、基于电动汽车的能源互联网示范项目、基于灵活性资源的能源互联网示范项目、基于绿色能源灵活交易的能源互联网示范项目、基于行业融合的能源互联网示范项目、能源大数据与第三方服务示范项目、智能化能源基础设施示范项目等。[①]

7.2.2　3C 评价

数字技术与能源系统结合，形成了创新利基——能源互联网，回应能源行业的可持续转型需求，生产端上高碳能源与低碳能源的竞争，在能源存储上发展电力存储技术和电力存储方法，创新利基引起了能源系统利益相关者的变化。特别是在市场上，发生了类似于数字技术对商品市场的改造，市场化改革和数字技术使能源系统主体范围和数量扩大，能源资产作为商品在能源互联网上进行交易。市场中的能源消费数据和能源供给数据，是处理资源、生产要素和预测的前提。围绕着市场，各种主体都可以成为数据的提供者和消费者，在分布式能源网络内成为能源供给者和能源消费者，还有一些主体是技术的提供者、绩效的评价者和监管者。可持续转型的成功离不开能源互联网的有效应用和扩散，当创新利基还处于现有社会技术系统的外围或边缘时，创新主体的社会网络处于不稳定和脆弱的状态，需要利益相关者主体（生产者、用户、政府、资本等）积极而持续的支持。创新利基应该有意地、持续地识别和培育价值共创主体，让社会上的关键参与者和新兴参与者进入，使价值共创行为持续发生。基于价值共创，将主体转变为积极的可持续价值的共同创造者。

能源互联网要占据能源系统的生态位，从而获得生存空间和盈利空间。中国现有的能源系统是以高碳能源（煤炭）为主，其技术和供给

① 国家能源局."互联网＋"智慧能源（能源互联网）示范项目［EB/OL］.［2017－3－6］（2022－8－10）. http：//www. nea. gov. cn/2017－03/06/c_136106972. htm.

在复杂条件下具有一定的稳健性，能提供稳定的就业和稳定的经济产出，使得已建火电厂的生产电量在中国的各个地区得到一定程度的保障。因此，能源系统存在复杂的利益结构模型，需要在较强势的主体引导下给予新主体参与机会和盈利机会，打破社会技术系统的锁定状态，改变要素的发展方向，如，产业、政策、市场、社会偏好、技术等。

在支持能源互联网的可持续转型中需要考虑：第一，是否进行了低碳能源或绿电生产中所匹配的基础设施建设、这些能源的地理区位要求、如何进行存储和长距离运输等；第二，是否具备相应的低成本且成熟的技术，各个主体对创新利基的认知是否一致；第三，关键社会经济关系是否会产生阻碍作用。具体来看，在物质约束方面，特高压等电力新基建是近年来的投资重点，"西电东输工程"和"东数西算"工程相互作用，有效地提升了能源效率，降低了数据处理成本。在知识系统方面，主体认知比较统一。国家通过产业政策影响新能源、新技术和新模式的应用，虽然出现了部分行业和地区的补贴乱象，但是，在最初的混乱之后，留下了有竞争力的企业和创新模式。消费端的能源替代比生产端的能源替代发生得更快，社会接受度更高。部分新能源的成本（如水电）已低于化石能源；随着资本和人才的投入，新能源和绿电技术的成本会更低、使用更方便。在关键关系上，国家电网是主要的引领者，是自上而下的力量，也有大量自下而上的实践与之呼应，然而，这些实践是否有机会进入能源互联网的价值网络，需要考虑具体背景、关系和能力。整体来看，支持可持续转型的能源互联网引导现有能源系统的物理环境、知识系统和社会经济关系进入更可持续的路径。能源系统可持续转型是中国可持续转型的当务之急，在共同愿景、主体关系、政策、资本和社会支持等方面都获得了比较充分的支持。然而，外部冲击和能源互联网范围的扩大（涉及更多主体）仍会使转型过程出现振荡和偏离，这就需要采用合作治理的方式，主体间通过相互协商、信任、理解，达成统一可持续转型的共同愿景，构建可行的程序性安排或者制度性安排。

7.3 数字经济与城市交通系统可持续转型

7.3.1 发展面向可持续的共享出行

分享经济是数字信息技术发展到一定阶段后出现的新型经济模式，是优化供需连接的资源配置方式，是数字经济的重要构成和应用。分享经济利用企业或社会中闲置的资源，强调无所有权的使用性消费，实现资源生产效率的提升。交通领域的共享出行，是分享经济在交通领域应用的一种形式。利用互联网和物联网等数字技术，基于移动终端应用，用户可以根据用车需求和实际用车时间（大多以分钟或小时计量）付费。邓晓翔和文军（2020）的研究构建了城市交通可持续转型现状，认为当前城市交通是以个人汽车和小型交通设备为主、公共交通为辅、共享出行为利基的复合系统。城市交通可持续转型现状，见图 7 - 5。共享出行在快速发展的同时备受质疑，一方面，它为实现城市和社会的可持续转型提供可能；另一方面，它向当前的城市管理和城市规划提出挑战。因此，应该将共享出行与可持续转型原则结合在一起考虑，发展面向可持续发展的共享出行。

（1）强调共享出行的绿色理念，实现商业模式与循环经济的结合。循环经济是共享出行支持可持续转型的基础，要实现交通社会技术系统的可持续转型需要将共享出行和循环经济相结合。共享出行的绿色理论核心在于：在没有增加物质数量的同时给予更多的人使用，从而提高物质的使用效率，使其边际资源消耗近乎为零。循环经济强调资源的生产效率，要求资源"从摇篮到摇篮"，尽可能地降低产品的资源消耗。为实现整体资源利用效果的提升，共享出行既需要强调社会系统的匹配效率和周转效率，也需要强调生产系统的资源生产效率。例如，网约车系统，虽然提高了社会资源的匹配效率和使用效率，但是，没有改进汽车的整体资源利用设计，更高的匹配效率反而产生了更多的汽车尾气排放。原则上分享系统特别是涉及资源和物质的分享系统，应该考虑到同时改进

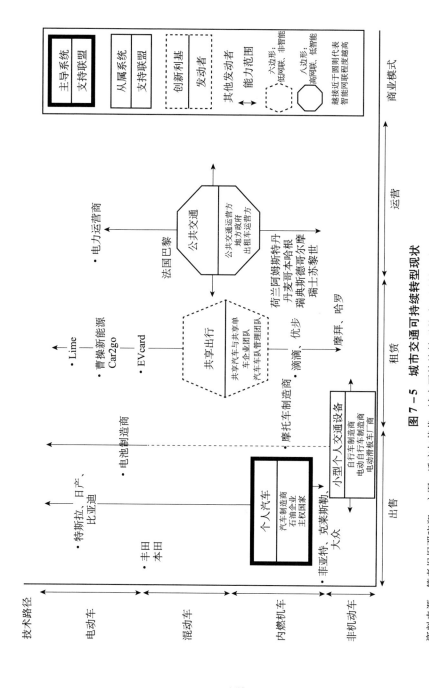

图 7 - 5　城市交通可持续转型现状

资料来源：笔者根据邓晓翔，文军．适应与替代：城市可持续转型的治理图景及应对策略［J］．华东理工大学学报（社会科学版），2020，35（4）：114 改动而得。

生产环节、社会环节的资源效率，降低资源消费回弹效应发生的概率，优化分享经济的商业生态，强调促进可持续发展的能力。当前中国处于物质增加与物质替换同时存在的发展阶段。无论是 P2P 分享商业模式还是 B2C 分享商业模式①的共享出行，都要强调资源的循环使用效率，通过提升闲置的产品或服务的社会周转率和匹配度，提高资源的使用效率。

（2）提升社会的共享意识，促进消费模式转型。社会大众是交通系统可持续转型的主要动力和关键主体。所有权在很长时间内影响了消费者的消费观和价值观，主导着社会经济的发展，人们作为各种闲置资源和闲置服务的产消者，对于所有权和消费模式的看法将影响其对共享出行商业模式的参与。共享出行中"不求所有但求所用"的消费方式被称为基于使用权的消费方式（access-based consumption），与基于所有权的消费方式（ownership-based consumption）相对，要实现消费方式转型，应该对社会经济中的资源进行有效管理，引导消费者改变不可持续的消费行为。研究发现，仅仅通过技术进步改善产品生产过程达到资源效率提升带来的消费方式属于弱可持续消费，而在此基础上，采用"不求所有但求所用"集约化的消费方式属于强可持续消费，可达到 10～20倍的资源效率提升。通过改变传统的市场行为，例如，进行物物交换、租赁、交易等活动，社会采取协同消费、资源分享和发展产品服务系统的方式是实现强可持续消费的有效途径。共享出行强调用户之间的协作，需要大众的消费思维转变，从单纯的消费者转变为共享出行的产消者。

（3）建立健全共享出行的多层次制度。制度建设是共享出行发展的保障，包含三个层次：①法规制度建设。之前的市场运作并未真正考虑分享经济的发展，以至于法律法规的制度建设不够完善，包括对于运营资质的要求、问题和事故的责任划分、合法性问题、消费者的权利等。一般来说，社会和市场的实践是先行的，但是，保证实践的可持续发展还需要政府和相关部门的制度建设，以维护各方的权责。②企业制度建

---

① 分享商业模式有两种最基本的形式，一种是 P2P 分享商业模式（peer to peer），个体将闲置资源共享化；另一种是基于产品服务系统的 B2C 分享商业模式（business to consumer），企业不卖产品、卖服务。

设。企业要有约束用户行为的能力，使其行为不影响他人、企业的正常
运营、城市的空间管理等，应根据企业业务特点维护用户正常使用的运
作机制，保障业务正常运行。③个人信用制度建设。信任是分享经济的
核心问题，信用制度是约束主体间关系的重要方式，在分享经济的情境
下尤为重要，从简单的所有权独占变为物品共用，需要设计合理的信用
机制来满足个体对共用关系的要求。发展可持续的共享出行，需要以上
三方面互相联系，形成整体并发挥作用。国内发展得如火如荼的共享单
车，为城市交通的绿色转型提供了更多可能性，但也应该看到存在的问
题，如，部分共享单车缺乏有效的循环机制和回收利用机制可能形成更
多城市垃圾和资源浪费，人们共享意识薄弱而发生各种不当行为以及对
城市现有交通规划和城市管理的挑战。由此可见，共享出行并非资源利
用和交通可持续转型的"万能灵药"，需要参与各方共同努力以实现其对
城市交通系统可持续转型的助力。

7.3.2　共享出行的模式与问题

共享出行有 P2P 共享模式和 B2C 共享模式两种最基本的商业模式，
这两种商业模式都强调在有限的物资规模内提供尽可能多的服务并促进
对需求的满足，具有一定的社会、经济和环境的正面效应。商业模式是
企业创造价值的逻辑，也关系着利益相关者实现价值和有效治理的逻辑。
下面，以汽车共享出行为例，分析其商业模式，发现在可持续价值创造
过程中存在的问题。

P2P 汽车共享出行的价值创造逻辑，是激活现有分散的闲置车辆资
源，通过共享平台和网络有效地连接供需双方。供给方将提供闲置汽车
或劳动力，在需求方环节，可低成本使用汽车，平台基于成功撮合交易
收取一定费用。该模式可在不增加汽车生产和购买的前提下充分利用已
有的汽车资源，但问题在于如何调动供需方参与汽车共享的积极性及共
享资源的质量如何控制（包括车辆资质和服务质量的控制等）、如何明晰
供需双方的责任及平台责任、如何保险等。

B2C 汽车共享出行，是产品服务系统理论在汽车行业的创新实践，

企业拥有车队的全部所有权。B2C 汽车共享出行的价值创造逻辑是，用户通过手机应用软件快速、方便地找到车辆并使用付费，实现不买产品、买服务的商业应用，重点在于通过使用型消费替代（抑制）拥有型消费。从目前国内的实践来看，B2C 模式大多应用于新能源汽车，在布局车辆网点的同时需要布局充电桩，主要问题在于如何提高用户的接纳度、如何规制用户在使用时的不当行为、如何管理车辆、如何布局网点、如何提高车辆的分享率、如何获得停车位和充电桩、车队的规模控制与运营资质、如何明晰用户和企业之间的责任、如何设计保险等。

除了以上两种最基本的商业模式外，还有 X2B2C 模式（X 代表汽车厂商、传统租赁企业、消费者等车辆的拥有者），即平台 B 可以不拥有车辆，通过聚集（以租赁或分成的形式）不同来源的存量车辆进行调度管理。与 P2P 模式相比，平台对车辆的调配权限和管理权限会有所加大，与 B2C 模式相比，对资源的控制力较弱，用户仅需付费使用。那么，这种模式的问题在于，平台如何获得相应的车辆资源（涉及信任、资质、授权、保险等）、如何有效地将不同用途和资质的车辆进行统一管理、如何提高用户的接纳度、如何规制用户在使用时的不当行为、如何布局网点、如何获得停车位、如何提升车辆的分享率、用户和企业之间责任如何明晰等。

以上共享出行模式在中国均有应用，现实中会有一定的模式交叉，其商业模式设计是基于提高资源的利用效率以实现更多需求，符合交通系统可持续转型的需要。结合上文分析，主要的问题包括，参与用户的资质问题和行为问题（信用制度建设）、供需双方责任划分问题、车辆资源获得问题、车辆资质问题、基础设施（网点、充电桩、停车位、智能化等）匹配问题和规划问题、保险问题、运营质量问题等。

7.3.3 3C 评价

当前，城市公共交通的供给和便利程度与人们的交通需求存在一定差距，在解决交通消费问题时，政府应该站在完善整体交通系统的角度，与相关平台共建共享出行方式，从而实现城市可持续转型目标和交通系统建设的协同效应。汽车分时租赁、网约车、共享（电）单车等共享出行在城市中的基本定位是公共交通的有效补充，在满足市民个体交通需求的基础上抑制市民对小汽车的购买需求。要利用现有的交通工具存量资源，还要有目的、有规划地设计增量型分时租赁业务，使其在交通距离和使用场景上与其他交通方式存在一定差异。

基于盈利的需要，一些共享出行平台（企业）在面对商业模式出现的问题（见 7.3.2 小节）时，往往会在资本逐利的推动下进行短期竞争而忽略长期可持续性发展。如，为了获取更多收益进行恶性竞争、逐底竞争、无规划大规模堆量等，这将使共享出行赋能城市交通系统的可持续转型能力变弱。因此，从可持续角度来看，需要多主体合作治理和引导，同时，要加强社会学习，促进城市共享出行的健康发展。政府部门进行治理时需要考虑三个问题：商业模式是否可与城市发展目标相结合；是否支持可持续的生活方式；是否充分利用循环经济的设计理念等。

相比目前主导地位的 B2C 模式应用，应该给予其他各种类型的共享出行商业模式足够的市场空间、时间去尝试和创新其商业应用。首先，给予共享平台一定的政策支持和发展空间，再有针对性地提高其可持续能力。对 P2P 模式的政策应有助于双方责任及平台责任的明晰，协助建立陌生人之间的信任，对车辆资质进行合理限制。对于 B2C 模式，应呼吁企业建立闭环的生态系统和循环系统，在产品设计上考虑更适合共享的性质，如生产者延伸责任、"从摇篮到摇篮"的循环系统、智能化的车辆装置和车辆系统，发展具有可持续能力的共享交通系统；其次，应考虑用户使用习惯的教育和建立，降低用户对车辆的破坏行为和不当行为，采用一定的信用制度和惩罚制度明确权责，采纳有效的保险方案保障用户的权益和安全；最后，探索合理的政府和社会资本合作（Private Public Partnership，PPP）服务供给模式。

经过多年发展，共享出行走过了"野蛮生长期"，已经打开了交通转型的机会空间，进入社会技术系统。例如，在城市管理和交通规划上已建设了相对完善的共享单车的停车空间，企业完善了运营制度，实现了单车的循环利用。对于需要建设充电基础设施的共享新能源汽车，应该有一定的倾斜政策、引导政策，比如，进行一定的停车资源再分配，既可以通过市场方式，也可以通过政府协调方式给予一定优惠政策，这有利于新能源汽车的推广和使用。总之，共享出行的治理，一方面，要根据商业模式的具体情况进行；另一方面，要提升其影响范围，从而实现更大范围内的社会学习，促进分享社会和分享城市的实现。

7.4 数字经济与城市低碳转型

7.4.1 背景介绍

深圳市是中国经济中心城市之一，在经济发展方面、社会发展方面和环境发展方面位于前列，深圳市重视信息基础设施建设和数字经济发展，正全力建设基础设施高质量发展的枢纽经济示范城市、可持续应对变化的韧性城市以及数字化、网络化、智能化创新型城市。深圳市数字经济产业规模居全国前列，培育了华为、中兴通讯、腾讯、平安科技等一批具有核心竞争力的主导型企业，引进了安谋科技、维沃移动、小米信息、中软国际、京东、美团、中国电子等一批优质数字经济企业，重点打造软件与信息服务、数字创意、超高清视频、智能网联汽车、智能机器人等数字经济产业集群。2021 年，深圳市在国家综合型信息消费示范城市名单中排名第一，其数字经济核心产业增加值突破 9000 亿元，占全市 GDP 比重的 30.6%。为了推动达成"双碳"目标和低碳转型，深圳市打通数据、技术和场景，通过构建碳普惠体系、建设近零碳社区、建设和运营零碳城市等，调动社会、市场和政府等主体的参与积极性，利用数字技术助力城市可持续低碳转型。

2022 年 7 月 1 日起，《深圳市碳排放权交易管理办法》开始实施，通过打通个人碳账户与碳交易市场，构建全民参与的碳普惠体系，对小微企业、社区家庭和个人的节能减排行为进行量化，将碳普惠核证减排量纳入碳排放权交易市场核证减排量交易品种。《深圳市碳排放权交易管理办法》鼓励组织或个人开立公益碳账户购买核证减排量用于抵销自身碳排放量，实现自身碳中和；科学核算小微企业、社区家庭和个人等主体的减排量，例如，主体通过绿色出行、绿色消费、绿色生活、绿色公益等节能减排行为产生的二氧化碳减排量，都可积累相应的碳积分，获取可靠可信的、之前碳市场没有包括的主体碳排放的数据记录；通过相关数字技术确保数据存储的安全高效，形成低碳行为数据聚集平台（全国首个碳普惠授权运营平台"低碳星球"）与碳交易市场平台互联互通的双联通体系。

在建设近零碳社区上，深圳市走在了全国前列。近零碳社区即社区碳排放量接近于零，在进行社区升级改造的同时，提升硬件、软件引导以实现近零碳排放。通过构建绿色建筑、分布式可再生能源设施、智慧管理体系可以降低外部能源消耗，通过居民绿色消费、公交出行、垃圾分类处理等低碳生活方式，社区可以降低居民的碳排放量，从而实现社区的近零碳排放。近零碳社区运营的实现是基于社区的近零碳智慧管理平台（云碳智慧中心），该平台可以实时在线管控社区能源、设备并监测碳排放情况，即时显示社区碳排放量、光伏发电量等数据。能源监测数据的获取基于个人碳账户的建立，在个人碳账户界面可以清楚地看到个人碳积分、碳排放量及减碳量，个人可以通过参与平台发起的活动获取碳积分，碳积分可以用于在商城进行商品兑换，以此鼓励个人低碳行为。通过碳积分平台，数字化运营培养居民低碳生活习惯，建立近零碳社区个人减排可持续的激励机制。

深圳市政府在推动近零碳社区过程中，建立了具体的场景，动员政府、企业和社会各方力量发挥所长、共同发力。相关政府部门制定了近零碳社区标准规范，并对相关减排成效进行计量、核算，及时向公众公布，综合运用云计算、区块链、物联网、GIS等数字技术，实现了温室气体排放空间可视化和温室气体排放清单编制工作的信息化，为城市管理者提供了更科学、更合理的动态管控工具，全面提升了城市的智慧碳运营能力。企业在"双碳"目标下积极参与零碳城市建设和运营，近零碳排放能力已经成为企业新的市场竞争力，数字经济助力传统企业进行低碳转型，数字化技术与传统产业的深度融合，促进了传统企业减少对资源能源的消耗，实现传统企业转型升级与产业链结构优化。数字化技术、智能化技术与传统低碳技术高度集成，结合大数据和云平台，具有低成本、高效率、精准化等优势，例如，在工程建设项目中实践智慧照明、光伏发电、智慧控制等绿色节能创新。

7.4.2 3C 评价

数字经济与城市系统结合，形成城市低碳数字化的创新利基，回应了城市可持续转型需求。城市可持续转型涉及的方面比较多，7.4.1 小节提及数字经济在赋能深圳市可持续转型中提供了三点支持：第一，改变了城市的物质约束。为了实现低碳转型，深圳市对城市进行了信息基础设施建设和改造，成为全国首个基础设施高质量发展试点城市，为数字经济赋能可持续转型提供数字化、智能化和韧性能力的硬件基础；第二，扩充了城市的知识系统，为了使主体对碳排放情况有更好的认识，深圳市通过构建数据平台和个人碳账户，使个人、社区、企业和城市管理者可以很清楚地了解碳排放情况。深圳市构建了市场激励机制，促进社会主体和市场主体持续减排，使城市管理者、社会主体和市场主体可以清楚地知道碳排放的来源并预测未来发展趋势，为数字经济打开低碳创新利基的机会空间、提升低碳经济规模、影响城市社会技术系统提供可能；第三，影响了城市关键的社会经济关系，在关键关系上，由深圳市政府作为主导和推动城市低碳转型的主体，自上而下地打造共同转型目标，引导社会和市场参与低碳转型价值网络。社会主体通过提供减碳信息，管理个人碳账户，提升了主动减碳的能力。企业因为"双碳"能力获得市场竞争优势，所以，愿意参与城市的低碳转型治理，与数字技术相结合，投入资金进行数字化的低碳改造。市场主体与政府、社会主体合作，涌现了很多创新的政府和社会资本合作（PPP），自下而上地回应低碳转型需求。城市系统可持续转型的成功，有赖于数字经济赋能转型的有效应用和有效扩散。目前来看，深圳市在近零碳社区、零碳城市建设和运营方面仍在进行小范围试点，即创新利基还处于现有社会技术系统的外围或边缘，创新主体的社会网络并不成熟，范围涉及面不大。数字经济可协助调动城市的资源池（人力资本、金融资本、社会资本、政治资源、文化资本和物质资本），在利益相关者主体（企业、社会、政府、资本等）积极而持续的支持下，提升可持续转型的规模。

数字技术的快速应用导致当前的社会经济体系和城市基础设施之间的紧张程度和复杂性增大，政策支持和合作治理对数字经济支持可持续转型至关重要。数字经济有一定的技术歧视，也就是说，并不是所有群体在面对数字经济时获得的收益和能力都是相同的，因此，使用数字经济在区域范围内实现可持续转型时要特别注意数字鸿沟问题。当数字鸿沟产生较为严重的影响时，将导致可持续转型的失败。因此，需要关注社会主体的行为反应，是否出现较大的与预期之间的偏离，从而不断进行调整和适应。另外，在扩大试点范围时，市场中的主体存在竞争关系，在城市和数字商业生态中进行着价值链、资源和生态位的争夺，特别是在初期规模扩大时，部分由逐利资本驱动的实践有可能导致创新利基主体的异化①。因此，在使用数字经济支持可持续转型过程中，政策的导向作用非常重要，控制异化的影响，培育创新利基和价值共创主体，让社会中的关键参与者和新兴参与者进入，以维持价值共创行为的持续发生。

从整体来看，城市是可持续转型实践的重要背景和基础，它影响着数字经济发挥及实现可持续转型的能力，城市中自下而上的绿色草根创新（grassroot）与自上而下的可持续转型目标相互影响和相互演进，形成螺旋上升的可持续转型路径。

7.5　本章小结

数字经济作为商业实践和数字技术的混合体，连接了社会主体、市场主体和政府主体，一方面，数字经济作为商业实践提供可持续转型的创新利基，为扩大规模（upscaling）打开机会空间；另一方面，数字经济为传统行业的可持续转型提供技术支撑，实现对传统行业的改造。这两个方面相互影响并相互支持，为行业和区域提供了可持续转型的机会和能力，本章借助 3C 模型，对能源系统、城市交通系统和城市系统中数字

---

① 异化是指，创新利基的行为和初始目标发生偏离。

经济支持可持续转型路径进行了主体行为和主体关系的分析与评价，发现数字经济在价值共创、共同演化和合作治理方面的作用和影响。

（1）价值共创评价。

在可持续转型目标下，具备可持续能力的服务和产品只有在多主体积极而持续的贡献下，才能突破现有的社会技术系统。价值共创通过改变主体行为，将社会主体从产品或服务的被动消费者转变为积极的可持续价值共同创造者，政府不仅需要作为权力机构，同时，也作为消费者、供给者和支持者，为可持续转型提供机会。为了实现价值共创，市场需要有意地、熟练地、持续地让社会中的关键参与者参加社会学习，以维持价值共创行为，识别和培育社会行为的变化。在数字经济影响下，用户从被动的消费者变为主动的产消者，企业从生产者变为连接者，政府从公共服务提供者变为城市治理能力的消费者、供给者和制度支持者。数字经济赋予社会主体、政府主体和市场主体多种能力和多种角色，创造、赋能、维护和扩大可持续转型利基。

（2）协同演化评价。

协同演化是数字经济与可持续转型主体之间的相互关系，主要研究转型路径的发展情况和演化情况，其中，主导和引发的主体对演化路径会有较大影响。中国各级政府在可持续转型目标下，致力于进行各种实践。然而，并不是所有的可持续转型都可以成功，市场实践越贴近社会主体的需求，在社会层面的反应越强烈，越容易引起社会技术系统的转型。

利用现有的物理基础设施、经济（包括风险资本）资源池和社会资源池，数字经济中颠覆性创新实践能够促使新的商业生态系统的形成和现有产业转型。颠覆性创新通常以效率提升为目标（数字平台的增加和供需更好的匹配），但也存在回弹效应，即技术支持的效率提升导致消费规模增加。因此，数字经济中的颠覆性创新会在最初挑战现有系统的物理约束，造成硬件设施投入和需求数量的增加，这与利用数字经济改造相关系统的可持续转型愿景相矛盾。它还会对现有的社会经济关系（传统的商业利益和政治利益）产生混合影响。如果未能获得政府的支持，那么，会影响数字经济颠覆性创新的合法性发展空间，产生较大混乱，影响数字经济赋能可持续转型的能力，共享出行在发展初期有此种情况。

在可持续转型的压力下，政府主体日益认识到行业发展和区域发展的物理约束和知识约束，进行自上而下的政策推动，通过更新资源池来帮助实现可持续转型。政府主体也越来越懂得利用自下而上的颠覆性创新利基，促成数字经济的新模式和新业态形成有益的价值网络，实现对社会主体的影响。例如，政府主体对新的、具有可持续能力的商业生态系统有更积极的反应，对符合可持续转型需求的数字经济实践给予更明确的发展支持。在政府支持和市场利润的吸引下，创新主体、资本、政策和社会利用数字经济促进可持续转型。这种集体力量将会有效地推动社会技术系统改变各种要素（资本、社会、文化和制度等）支持转型，数字经济规模和可持续转型的进一步发展，将随着时间的推移进入更可持续的发展路径。

当数字经济与行业或区域一起向可持续发展的方向进行创新时，数字经济的商业价值和可持续转型策略也会随着所在行业资源池或区域资源池的演变而演变，这种协同演化能力是通过数字经济商业生态系统和行业或区域之间积极而持续的互动而获得的，这种能力要求行业或区域有可持续发展的共同愿景，在基础设施方面和政策方面创造或设置有利环境，以鼓励可持续转型。

（3）合作治理评价。

不同于自上而下的治理政策工具，例如，税收减免、资源配置和法规来激励可持续行为，数字经济支持可持续转型实践主体的整合，促进自上而下与自下而上的合作治理模式。合作治理模式联合社会主体、市场主体和政府主体在多个层面和多个部门之间的行动，以实现可持续利益或共同目标。在数字经济支持可持续转型的背景下，合作治理可以转化为关键利益相关者的协作能力和适应性治理能力，参与主体可以通过定义参与原则和参与行为、发现共同利益、设定行动的合法性空间等，实现合作治理，并对合作治理的结果做出评价，提高可持续转型的适应性。

第8章 研究结论与研究展望

8.1 研究结论

本书基于 MPL 可持续转型理论和可持续性科学分析框架，构建数字经济赋能可持续转型的 DPSIR 分析框架，将数字经济赋能可持续转型的作用和路径研究分解为两个具体研究假说：一是数字经济通过改进经济、环境和社会的可持续绩效，促进可持续转型；二是数字经济通过改变主体行为和改善主体关系促进可持续转型。通过实证研究和案例研究验证数字经济通过对现有社会技术系统的改造，影响可持续转型的绩效和过程。主要研究结论有以下四点。

（1）数字经济影响经济绩效的研究结论。第 4 章的实证结果显示，数字经济已成为现有经济系统的重要组成部分。ICT 资本对经济产出具有显著的促进作用，产出弹性系数在 0.223 ~ 0.269，即 ICT 资本存量每增加 1%，可以使产出增加 0.223% ~ 0.269%，占资本存量对经济产出贡献的 27.0% ~ 30.0%。而在样本期间，ICT 资本仅占总资本存量的 2.0% ~ 3.5%，表明其对经济产出的贡献作用非常显著。而 ICT 服务业资本存量与全要素生产率变化方面的实证结果显示，两者之间存在反向关系，支持生产率悖论或索洛悖论。ICT 资本与全要素生产率变化负相关的可能原因在于四点：①数字经济的无形影响没有被计算在内；②ICT 资本的折旧率高且资本作用的滞后期较长，数字经济需要较长时间调动社会经济其他方面协同发挥作用；③在研究样本期内，数字经济对服务业的影响比制造业更大，相对来说，服务业的全要素生产率增加小于制造业，第二产业向第三产业的转移导致生产率的变化与 ICT 资本的负向关系；④有形资本过度深化，投资边际报酬递减，投资的盈利程度下降。

（2）数字经济影响环境绩效的研究结论。第 5 章更换了数字经济的核算方法，以数字经济发展指数作为核心解释变量，实证结果显示，数字经济发展能显著降低本地区的 CO_2 排放水平、$PM_{2.5}$ 排放水平和 SO_2 排放水平，说明数字经济发展在减污降碳上具有协同作用。在中介作用上，研究发现数字经济发展影响 CO_2 排放减少是由提升资本错配、产业结构高级化和绿色创新能力产生作用，通过资本错配和绿色创新降低 $PM_{2.5}$ 排放量，通过资本错配和产业结构高级化降低 SO_2 排放量。在调节机制上研究发现，环境规制和绿色创新能力与数字经济发展水平结合，显著促进了数字经济对环境绩效的影响。整体来看，数字经济通过提升配置效率、产业结构升级和提高绿色创新能力影响环境绩效，数字经济对资本要素配置和产业结构高级化的影响显著。而且，数字经济的降碳能力与减污能力相比更加显著，表现出与"双碳"目标的协同关系。

（3）数字经济影响社会绩效的研究结论。第 6 章的实证结果显示，数字经济对社会发展水平具有显著促进作用，而对社会发展差异的扩大具有提升作用。在研究样本期内，数字经济并不能提升社会公平或减少分配差异。考察数字经济与社会绩效非线性关系的结果显示，数字经济对低受教育水平地区的社会发展具有显著的负向影响，而对高受教育水平地区的社会发展具有显著正向影响；数字经济有利于拉近中低市场化水平地区的社会发展差异，而数字经济在高市场化水平地区作用更大，从而拉大了与其他地区之间的差距；数字经济对低受教育水平地区的社会发展差距具有显著正向影响，而对高受教育水平地区的社会发展差距具有显著负向影响。研究说明，数字鸿沟产生的原因在于，地区的受教育水平和市场化水平的差异，提高受教育水平对社会发展水平的提升和发展差异的减少具有显著正向影响。空间溢出作用研究的实证结果表明，数字经济发展具有显著的正向空间作用，本地数字经济发展水平越高则对其他省（区、市）的社会发展水平的促进作用越大，社会发展水平高的省（区、市）对邻接省（区、市）具有虹吸作用。

（4）数字经济影响可持续转型过程的研究结论。数字经济通过改变主体行为和改善主体关系促进可持续转型，过程涉及价值共创、协同演化和合作治理。基于包含价值共创、协同演化和合作治理过程的 3C 模型，对能源系统、城市交通系统和城市系统中数字经济赋能可持续转型的路径进行了主体行为和主体关系的分析与评价。在价值共创方面，数字经济赋予社会主体、政府主体和市场主体多种能力和多种角色，创造、赋能、维护和扩大可持续转型利基，用户从被动的消费者变为主动的产消者，企业从生产者变为价值联结者，政府从公共服务提供者变为城市治理能力的消费者、供给者和制度支持者。在协同演化方面，着重于主体间和商业生态系统之间可持续转型过程的演进，当数字经济与行业或区域一起向着可持续发展的方向进行创新时，数字经济的商业价值和可持续转型策略随着其所在行业或区域资源池而演变，这种协同演化能力是通过数字经济商业生态系统和行业或区域之间的积极、持续互动而获得的，要求行业或区域具有共同的可持续转型愿景，在基础设施方面和政策方面创造、设置有利环境，以鼓励可持续转型。在合作治理方面，数字经济支持社会主体、市场主体和政府主体在多个层面、多个部门之间的行动，加强关键利益相关者的协作能力和适应性治理能力，参与主体可以通过定义参与原则和行为、发现共同利益、设定行动的合法性空间等，实现合作治理，并对合作治理的结果做出评价反馈，提高可持续转型的适应性，保障行业或区域可持续性转型路径的持续。

8.2　研究不足与研究展望

本书围绕数字经济是否可以助力可持续转型的研究问题，构建数字经济赋能可持续转型的 DPSIR 分析框架，进行了理论研究和实证研究，得出了一些有益的结论，回答了本书研究的问题。然而，框架虽具有合理性，但仍然存在不足之处及有待进一步深入研究的内容。

（1）核心变量方面存在不足之处。①为了方便研究，本书在测度数字经济时采用了两种测度方式，一是对核心 ICT 产业资本的核算；二是对省域数字经济发展水平的核算。在未来研究中，需要注意对宽口径数字经济的资产和增加值进行更详细、更科学的核算，以明确数字经济对经济绩效的影响。②本书的研究简化了数字经济的复杂性和异质性，实际上，在不同领域、不同技术和不同制度条件下作用是不同的。因此，需要进一步加强数字经济的分类研究。③在可持续指标构建方面，本书分别对经济绩效指标、环境绩效指标和社会绩效指标进行研究，缺乏对综合性指标的验证。在经济绩效指标方面，本书使用的全要素生产率变化是相对指标，还可以使用全要素生产率的绝对指标；在环境绩效指标方面，本书主要采用具体的污染物排放指标，而没有构建综合性环境影响指标；在社会绩效指标方面，本书以 HDI 指标为基础构建替代性的社会发展指标和社会差异指标，还可以将其与环境指标结合，构建反映生态福利绩效的综合指标进行进一步考察。

（2）研究样本范围存在不足之处。①在省域层面上，本书仅对中国的 30 个省（区、市）进行了研究，还需要进行多层次的区域研究，例如，在市（县）层面或国家层面进行研究以得到稳健的实证结果；②在宏微观层面上，本书偏重于宏观研究，而不注重微观研究，在数字经济下，个体和行业被影响的异质性有很大不同，可能导致宏观层面出现不显著或偏离理论机制的情况，无法得到稳健的实证结果；③在时间范围内，数字技术及相关商业模式更新换代较快，导致数字经济产业方面的核算没有跟上，因此，在数据的可得性上，研究的时间范围是 2011 年以后。

（3）需要进一步深入研究的内容。①继续深入研究数字经济支持可持续转型的能力。从实证结果和具体实践可以看出，数字经济赋能可持续转型的重点在于环境绩效的提升，为"双碳"目标提供助力。当前的研究对数字经济发展与资源消耗的关系仍然存疑，一方面，数字技术可以带来效率收益，促进能源资源和矿产资源安全绿色智能开采和清洁高效低碳利用，有利于实现能源消费的供需平衡，减少碳足迹；另一方面，数字技术也可能引致更多能源消耗，特别是对电力的大量需求。②继续深入研究数字经济支持可持续转型的路径。数字经济是一个向完全竞争市场优化的经济模式，降低了交易成本、提高了效率、降低了信息不对称，进行了帕累托改进，然而，也伴随着其他类型的干扰。例如，数字转型下数字鸿沟的形成及其影响，需要进一步进行识别。数字技术的使用需要相关知识加上繁杂的信息，相对落后的地区、低教育水平群体和传统企业使用数字技术、识别信息的能力较差，有所积累或有优势的主体更有能力实现更大的差距，甚至"赢家通吃"，造成数字经济下不同主体发展的不均等愈加严重。另外，根据实证结果，市场化水平和去中心能力并没有起到有效的中介作用，主要原因在于，数字经济并未显著影响市场化水平和去中心能力。这些需要进一步研究，寻找相应的原因以解决影响路径不畅的问题。③数字经济相关的治理问题。数字经济创造的大量新模式和新业态为可持续转型提供了机会，但也可能导致不连贯的领域创新，进而创造无规则的市场，加强自由主义范式。例如，分享经济的基础理论机制是通过支持发展新型可持续生产模式和消费模式，弥补市场的外部性缺陷或提高正外部性而进行的，但在实践中却事与愿违，存在一定异化，因此，需要加强制度方面的支持和监督。再例如，随着数字经济的发展，数据成为重要的生产要素，然而，主体间的不正当数据竞争和数据安全问题，严重制约了数据要素流动及市场的健康发展。因此，需要探索数据立法和合理的市场机制，加强法规制度建设，规范数据处理活动，从而有效地遏制数据侵权行为，维护数据主体的合法权益和市场的正常运行。

参考文献

［1］柏培文，张云．数字经济、人口红利下降与中低技能劳动者权益［J］．经济研究，2021，56（5）：91－108．

［2］蔡跃洲．数字经济的增加值及贡献度测算：历史沿革、理论基础与方法框架［J］．求是学刊，2018，45（5）：65－71．

［3］陈启鑫，刘敦楠，林今，等．能源互联网的商业模式与市场机制（一）［J］．电网技术，2015，39（11）：3050－3056．

［4］程名望，张家平．ICT服务业资本存量及其产出弹性估算研究［J］．中国管理科学，2019，27（11）：189－199．

［5］单豪杰．中国资本存量K的再估算：1952～2006年［J］．数量经济技术经济研究，2008，25（10）：17－31．

［6］邓晓翔，文军．适应与替代：城市交通可持续转型的治理图景及应对策略［J］．华东理工大学学报（社会科学版），2020，35（4）：110－124．

［7］丁志帆．数字经济驱动经济高质量发展的机制研究：一个理论分析框架［J］．现代经济探讨，2020（1）：85－92．

［8］郭进，徐盈之．公众参与环境治理的逻辑、路径与效应［J］．资源科学，2020，42（7）：1372－1383．

［9］郭卫香，孙慧．西北5省碳排放与产业结构碳锁定的灰色关联分析［J］．工业技术经济，2018，37（7）：119－127．

［10］国家统计局．数字经济及其核心产业统计分类（2021）［S］．国家统计局第33号令．

［11］胡鞍钢，王蔚，周绍杰，等．中国开创"新经济"——从缩小"数字鸿沟"到收获"数字红利"［J］．国家行政学院学报，2016（3）：4－13，2．

［12］黄先海，宋学印．赋能型政府：新一代政府和市场关系的理论建构［J］．管理世界，2021，37（11）：41－55，4－9．

［13］金戈．中国基础设施与非基础设施资本存量及其产出弹性估算［J］．经济研

究，2016，51（5）：41-56.

[14] 李宏伟，杨梅锦.低碳经济中的"碳锁定"问题与"碳解锁"治理体系 [J].
科技进步与对策，2013，30（15）：41-46.

[15] 李宏伟.基于社会技术景观的"碳解锁"模式研究 [J].生态经济，2017，33
（8）：36-41.

[16] 李宏伟.碳基技术系统锁定的动力机制 [J].科技管理研究，2016，36（10）：
249-255.

[17] 李慧.社会技术转型多层级视角：形成背景、理论渊源及构成框架 [J].中国
科技论坛，2019（4）：42-49.

[18] 李金林，陈立泰，刘梅.互联网发展对中国区域绿色经济效率的影响 [J].中
国人口·资源与环境，2021，31（10）：149-157.

[19] 梁中，昂昊，胡登峰."区域碳解锁"的微观驱动机制研究 [J].中国软科学，
2020（4）：132-141.

[20] 梁中，刘健.产业碳解锁的机会窗口与响应策略 [J].社会科学，2018（1）：
45-54.

[21] 刘晓凤.区域碳锁定资源配置效率研究 [J].理论月刊，2017（4）：
5-11.

[22] 刘新智，张鹏飞，史晓宇.产业集聚、技术创新与经济高质量发展——基于我
国五大城市群的实证研究 [J].改革，2022（4）：68-87.

[23] 柳江，赵兴花，程锐.数字经济改善城乡收入差距的门槛效应研究 [J].开发
研究，2020（6）：105-113.

[24] 吕铁，李载驰.数字技术赋能制造业高质量发展——基于价值创造和价值获取
的视角 [J].学术月刊，2021，53（4）：56-65，80.

[25] 裴长洪，倪江飞，李越.数字经济的政治经济学分析 [J].财贸经济，2018，
39（9）：5-22.

[26] 彭刚，李杰，朱莉.SNA视角下数据资产及其核算问题研究 [J].财贸经济，
2022，43（5）：145-160.

[27] 彭刚，朱莉，陈榕.SNA视角下我国数字经济生产核算问题研究 [J].统计研
究，2021，38（7）：19-31.

[28] 邱子迅，周亚虹.数字经济发展与地区全要素生产率——基于国家级大数据综
合试验区的分析 [J].财经研究，2021，47（7）：4-17.

[29] 渠慎宁.ICT与中国经济增长：资本深化、技术外溢及其贡献 [J].财经问题

研究，2017（10）：26 – 33.

[30] 石大千，丁海，卫平等. 智慧城市建设能否降低环境污染 [J]. 中国工业经济，2018（6）：117 – 135.

[31] 孙丽文，赵鹏，李少帅等. 中国省域碳锁定空间溢出效应及影响因素分析——基于空间面板模型的实证检验 [J]. 科技管理研究，2020a，40（3）：225 – 232.

[32] 孙丽文，赵鹏，任相伟等. 碳排放权交易减轻中国工业碳锁定了吗？——基于 DID 及 SDID 方法的实证分析 [J]. 科技管理研究，2020b，40（9）：205 – 211.

[33] 孙琳琳，郑海涛，任若恩. 信息化对中国经济增长的贡献：行业面板数据的经验证据 [J]. 世界经济，2012，35（2）：3 – 25.

[34] 唐杰，戴欣. 数字经济产业的创新关联——来自深圳市创新企业的证据 [J]. 中山大学学报（社会科学版），2021，61（6）：165 – 176.

[35] 腾讯研究院. 中国"互联网"指数报告 [EB/OL]. 2018. https：// news. qq. com/omn/20190101/20190101A08HD5. html.

[36] 王宏鸣，陈永昌，杨晨. 数字化能否改善创新要素错配？——基于创新要素区际流动视角 [J]. 证券市场导报，2022（1）：42 – 51.

[37] 王静田，付晓东. 数字经济的独特机制、理论挑战与发展启示——基于生产要素秩序演进和生产力进步的探讨 [J]. 西部论坛，2020，30（6）：1 – 12.

[38] 王林辉，胡晟明，董直庆. 人工智能技术、任务属性与职业可替代风险：来自微观层面的经验证据 [J]. 管理世界，2022，38（7）：60 – 79.

[39] 王如玉，梁琦，李广乾. 虚拟集聚：新一代信息技术与实体经济深度融合的空间组织新形态 [J]. 管理世界，2018，34（2）：13 – 21.

[40] 王如玉，梁琦，李广乾. 虚拟集聚：新一代信息技术与实体经济深度融合的空间组织新形态 [J]. 管理世界，2018，34（2）：13 – 21. DOI：10. 19744/ j. cnki. 11 – 1235/f. 2018. 02. 002.

[41] 向书坚，吴文君. 中国数字经济卫星账户框架设计研究 [J]. 统计研究，2019，36（10）：3 – 16.

[42] 徐盈之，郭进，刘仕萌. 低碳经济背景下我国碳锁定与碳解锁路径研究 [J]. 软科学，2015，29（10）：33 – 38.

[43] 许宪春，任雪，常子豪. 大数据与绿色发展 [J]. 中国工业经济，2019（4）：5 – 22.

［44］许宪春，张美慧，张钟文．数字化转型与社会经济统计的挑战和创新［J］．统计研究，2021，38（1）：15－26.

［45］许宪春，张美慧．数字经济增加值测算问题研究综述［J］．计量经济学报，2022，2（1）：19－31.

［46］杨嵘均，操远芃．论乡村数字赋能与数字鸿沟间的张力及其消解［J］．南京农业大学学报（社会科学版），2021，21（5）：31－40.

［47］易宪容，陈颖颖，位玉双．数字经济中的几个重大理论问题研究——基于现代经济学的一般性分析［J］．经济学家，2019（7）：23－31.

［48］袁进业，陈文．城市物权空间治理的权力嵌入与技术赋能——基于 S 市物业管理电子投票系统的案例分析［J］．行政论坛，2022，28（1）：128－134.

［49］张帅，诸大建，陈海云等．人类发展评估的三个阶段和基于"地球边界"的新指数［J］．中国人口·资源与环境，2021，31（9）：143－153.

［50］中国信息通信研究院．中国数字经济发展与就业白皮书［R］．中国信息通信研究院，2021.

［51］朱发仓，乐冠岚，李倩倩．数字经济增加值规模测度［J］．调研世界，2021（2）：56－64.

［52］诸大建．可持续发展呼唤循环经济．科技导报，1998，（9）：39－44.

［53］诸大建，陈海云，徐洁等．可持续发展与治理研究［M］．上海：同济大学出版社，2015.

［54］诸大建，张帅．生态福利绩效与深化可持续发展的研究［J］．同济大学学报（社会科学版），2014，25（5）：106－115.

［55］诸大建．可持续性科学：基于对象—过程—主体的分析模型［J］．中国人口·资源与环境，2016，26（7）：1－9.

［56］Acemoglu D. , Restrepo P. Robots and Jobs：Evidence from US Labor Markets［J］. Journal of Political Economy，2020，128（6）：2188－2244.

［57］Aghion P. , Bergeaud A. , Boppart T. , et al. Missing Growth from Creative Destruction［J］. LSE Research Online Documents on Economics，2017.

［58］Arthur W. B. Competing Technologies，Increasing Returns，and Lock in by Historical Events［J］. The Economic Journal，1989，99（394）：116－131.

［59］Avelino F. , Wittmayer J M. Shifting Power Relations in Sustainability Transitions：A Multi-actor Perspective［J］. Journal of Environmental Policy & Planning，2015：1－22.

[60] Bardhi F. , Eckhardt G. M. Liquid Consumption [J]. Cultural Studies, 2017, 22 (5): 599 – 623.

[61] Bastida L. , Cohen J. J. , Kollmann A. , et al. Exploring the Role of ICT on Household Behavioural Energy Efficiency to Mitigate Global Warming [J]. Renewable and Sustainable Energy Reviews, 2019, 103: 455 – 462.

[62] Belkhir L. , Elmeligi A. Assessing ICT Global Emissions Footprint: Trends to 2040 & Recommendations [J]. Journal of Cleaner Production, 2018, 177 (5): 448 – 463.

[63] Boulding K. E. The Economics of the Coming Spaceship Earth [J]. Environmental Quality in a Growing Economy, 1966, 2: 3 – 14.

[64] Brodie R. , J. , et al. Consumer Engagement in a Virtual Brand Community: An Exploratory Analysis [J]. Journal of Business Research, 2013, 66: 105 – 114.

[65] Brynjolfsson E. , Eggers F. , Gannamaneni A. Using Massive Online Choice Experiments to Measure Changes in Well-being [R]. NBER Working Paper, 2017.

[66] Brynjolfsson E. , Oh J. H. The Attention Economy: Measuring the Value of Free Digital Services on the Internet [C]. International Conference on Information Systems, Orlando, 2012.

[67] Bukht R. , Heeks R. Defining, Conceptualising and Measuring the Digital Economy [J]. International Organisations Research Journal, 2018, 13 (2): 143 – 172.

[68] Bulkeley H. , Vanesa Castán Broto. Government by experiment? Global Cities and the Governing of Climate Change [J]. Transactions of the Institute of British Geographers, 2013, 38 (3): 361 – 375.

[69] Butter F. , Hofkes M. W. A Neo-Classical Economic View on Technological Transitions [M]. Berlin: Springer Netherlands, 2006.

[70] Cardona M. , Kretschmer T. , Strobel T. ICT and Productivity: Conclusions from the Empirical Literature [J]. Information Economics and Policy, 2013, 25 (3): 109 – 125.

[71] Carley S. Decarbonization of the U. S. Electricity Sector: Are State Energy Policy Portfolios the Solution [J]. Energy Economics, 2011, 33 (5): 1004 – 1023.

[72] Celata F. ; Hendrickson C. Y. ; Sanna V. S. The Sharing Economy as Community Marketplace? Trust, Reciprocity and Belonging in Peer-to-peer Accommodation Platforms [J]. Cambridge Journal of Regions, Economy and Society, 2017, 10: 349 – 363.

[73] Chen X. , Li Z. , Gallagher K. P. , et al. Financing Carbon Lock-in in Developing Countries: Bilateral Financing for Power Generation Technologies from China, Japan, and the United States [J]. Applied Energy, 2021, 300: 117318.

[74] Choi C. , Yi M. H. The Effect of the Internet on Economic Growth: Evidence from Cross-country Panel Data [J]. Economics Letters, 2009, 105 (1): 39 –41.

[75] Cohen B. , Kietzmann J. Ride on! Mobility Business Models for the Sharing Economy [J]. Organization & Environment, 2014, 27 (3): 279 –296.

[76] Cohen B. , Muñoz P. Sharing Cities and Sustainable Consumption and Production: Towards an Integrated Framework [J]. Journal of Cleaner Production, 2016, 134 (3): 87 –97.

[77] Dagum C. A new Approach to the Decomposition of the Gini Income Inequality Ratio [J]. Empirical Economics, 1997, 22 (4): 515 –531.

[78] Daly H. E. A Further Critique of Growth Economics [J]. Ecological Economics, 2013, 88: 20 –24.

[79] Daly H. E. Ecological Economics: Principles and Applications, Second Edition [M]. US: Island Press, 2004.

[80] Daly H. E. On Nicholas Georgescu-Roegen's Contributions to Economics: An Obituary Essay [J]. Ecological Economics, 1995, 13 (3): 149 –154.

[81] Daly H. E. Steady-state Economics: The Economics of Biophysical Equilibrium and Moral Growth [M]. San Francisco: W. H. Freeman, 1977: 19 –37.

[82] David P. A. Clio and the Economics of QWERTY [J]. American Economic Review, 1985, 75 (2): 332 –337.

[83] Dietz T. , Rosa E. A. , 1994. Rethinking the Environmental Impacts of Population, Affluence and Technology [J]. Human Ecology Review, 1994 (1): 277 –300.

[84] Elkington J. Enter the Triple Bottom Line. In. : Henriques A. ; Richardson J. The Triple Bottom Line: Does it All Add Up? [M]. London: Earthscan, 2004.

[85] Emerson K. , Nabatchi T. (2015) . Evaluating the Productivity of Collaborative Governance Regimes: A Performance Matrix [J]. Public Performance & Management Review, 38 (4): 717 –747.

[86] Emerson K. , Nabatchi T. , Balogh S. An Integrative Framework for Collaborative Governance [J]. Journal of Public Administration Research and Theory, 2012, 22 (1): 1 –29.

［87］ Erickson P. , Kartha S. , Lazarus M. , et al. Assessing Carbon Lock-in ［J］. Environ-mental Research Letters, 2015, 10 （8）: 1 - 7.

［88］ Fare R. , Grosskopf S. , Norris M. , et al. Productivity Growth, Technical Progress, and Efficiency Change in Industrialized Countries ［J］. American Economic Review, 1994, 84 （1）: 66 - 83.

［89］ Gabrielsen P, Bosch P. Environmental Indicators: Typology and Use in Reporting ［R］. EEA working paper, 2003.

［90］ Geels F. W. Ontologies, Socio-technical Transitions （to sustainability）, and the Multi-level Perspective ［J］. Research Policy, 2010, 39 （4）: 495 - 510.

［91］ Geels F. W. Technological Transitions as Evolutionary Reconfiguration Processes: A Multi-level Perspective and A Case-study ［J］. Research Policy, 2002, 31 （8/9）: 1257 - 1274.

［92］ Geels, Frank W. Disruption and Low-carbon System Transformation: Progress and New Challenges in Socio-technical Transitions Research and the Multi-Level Perspective ［J］. Energy Research & Social Science, 2018, 37 （3）: 224 - 231.

［93］ Georgescu-Roegen N. The Entropy Law and the Economic Process ［M］. Cambridge: Mass, 1971.

［94］ Grabs J. , Langen N. , Maschkowski G. , et al. Understanding Role Models for Change: A multilevel Analysis of Success Factors of Grassroots Initiatives for Sustain-able Consumption ［J］. Journal of Cleaner Production, 2016, 134: 98 - 111.

［95］ Grossman G. M. and Krueger A. B. Environmental Impacts of A North American Free Trade Agreement ［J］. NBER Working Papers, 1991. No. W3914.

［96］ Gullickson, W. , Harper, M. J. Possible Measurement Bias in Aggregate Productivity Growth ［J］. Monthly Labor Review, 1999, 122 （2）: 47 - 67.

［97］ Haan F. J. , Rotmans J. A Proposed Theoretical Framework for Actors in Transforma-tive Change ［J］. Technological Forecasting and Social Change, 2018, 128: 275 - 286.

［98］ Habibi F. , Zabardast M. A. Digitalization, Education and Economic Growth: A Com-parative Analysis of Middle East and OECD Countries ［J］. Technology in Society, 2020, 63 （4）: 291 - 300.

［99］ Healy N. , Barry J. Politicizing Energy Justice and Energy System Transitions: Fossil fuel Divestment and A "Just Transition" ［J］. Energy Policy, 2017, 108 （9）:

451 – 459.

[100] Higón D. A. , Gholami R. , Shirazi F. ICT and Environmental Sustainability: A Global Perspective [J]. Telematics & Informatics, 2017, 34 (4): 85 – 95.

[101] Hodson M. , Geels F. W. , Mcmeekin A. Reconfiguring Urban Sustainability Transitions, Analysing Multiplicity [J]. Sustainability, 2017, 9 (2).

[102] IMF. Measuring the Digital Economy [J/OL]. 2020. http: //www. imf. org/external/pp/ppindex. aspx.

[103] Kemp, René, Schot J. , Hoogma R. Regime Shifts to Sustainability Through Processes of Niche Formation: The Approach of Strategic Niche Management [J]. Technology Analysis & Strategic Management, 1998, 10 (2): 175 – 198.

[104] Kivimaa, Paula, Kern, et al. Creative Destruction or Mere Niche Support? Innovation Policy Mixes for Sustainability Transitions [J]. Research Policy, 2016, 45 (1): 205 – 217.

[105] Krugman P. The Narrow Moving Band, the Dutch Disease, and the Competitive Consequences of Mrs. Thatcher: Notes on Trade in the Presence of Dynamic Scale Economies [J]. Journal of Development Economics, 1987 (27): 41 – 55.

[106] Lan J. , Ma Y. , Zhu D. , et al. Enabling Value Co-Creation in the Sharing Economy: The Case of Mobike [J]. Sustainability, 2017, 9 (9): 1 – 20.

[107] Lehmann P. , Creutzig F. , Melf Hinrich Ehlers. Carbon lock-out: Advancing Renewable Energy Policy in Europe [J]. Energies, 2012, 5 (2): 323 – 354.

[108] Loorbach D. , Frantzeskaki N. , Avelino F. Sustainability Transitions Research: Transforming Science and Practice for Societal Change [J]. Annual Review of Environment & Resources, 2017, 42: 599 – 626.

[109] Ma Y. , Thornton T F. , Mangalagiu D. , et al. Co-creation, Co-evolution and Co-governance: Understanding Green Businesses and Urban Transformations [J]. Climatic Change, 2020, 160: 621 – 636.

[110] Ma Y. , Rong K. , Mangalagiuac D. , Thorntona T. F. , & Zhu Dajian. Co-evolution between Urban Sustainability and Business Ecosystem Innovation: Evidence from the Sharing Mobility Sector in Shanghai [J]. Journal of Cleaner Production, 2018, 188: 942 – 953.

[111] Martin C. J. , Upham P. , Klapper R. Democratising Platform Governance in the Sharing Economy: An Analytical Framework and Initial Empirical Insights [J]. Journal

of Cleaner Production, 2017, 166: 1395 - 1406.

[112] Martin C. J. The Sharing Economy: A Pathway to Sustainability or a Nightmarish form of Neoliberal Capitalism? [J]. Ecological Economics, 2016, 121 (1): 149 - 159.

[113] Moore J. F. Predators and Prey: A New Ecology of Competition [J]. Harvard Bus. Rev. , 1993, 71 (3): 75 - 86.

[114] Moyer J. D. , Hughes B. B. ICTs: Do They Contribute to Increased Carbon Emissions? [J]. Technological Forecasting & Social Change, 2012, 79 (5): 919 - 931.

[115] Nakamura L. , Samuels J. , Soloveichik R. Valuing 'Free' Media in GDP: An Experimental Approach [R]. Working Paper, 2016.

[116] Niccolucci V. , Pulselli F. M. , Tiezzi E. Strengthening the Threshold Hypothesis: Economic and Biophysical Limits to Growth [J]. Ecological Economics, 2007, 60 (4): 667 - 672.

[117] Nordhaus W. D. Are We Approaching an Economic Singularity? Information Technology and the Future of Economic Growth [R]. Nber Working Papers, 2015.

[118] North. Institutions, Institutional Change and Economic Performance [M]. Cambridge: Cambridge University, 1990.

[119] OECD. A Roadmap Towards a Common Framework for Measuring The Digital Economy [J/OL]. 2020. http: //www. oecd. org/terms and condtions.

[120] OECD. Measuring the Digital Economy: A New Perspective [M]. Pairs: OECD Publishing, 2014.

[121] Ospina A. V. , Heeks R. Unveiling the Links between ICTs and Climate Change in Developing Countries: A Scoping Study [R]. Canada International Development Research Center, Manchester, 2010.

[122] Ostrom E. Governing the Commons [M]. Cambridge: Cambridge University Press, 1990.

[123] Park S. , Marshall N. , Jakku E. , Dowd A. , Howden S. M. , Mendham E. , Fleming A. Informing Adaptation Responses to Climate Change through Theories of Transformation [J]. Global Environmental Change-Human And Policy Dimensions, 2012, 22 (1): 115 - 126.

[124] Pelling M. , O'Brien K. , Matyas D. Adaptation and Transformation [J]. Climatic Change, 2015, 33 (1): 113 - 127.

[125] Prahalad C. K. , Ramaswamy V. Co-creation Experiences: The Next Practice in Value Creation [J]. Journal of Interactive Marketing, 2004, 18: 5 – 14.

[126] Rauschmayer F. , Omann I. Transition to Sustainability: Not Only Big, But Deep [J]. Gaia, 2012, 21 (4): 266 – 268.

[127] Río P. D. , Bleda M. Comparing the Innovation Effects of Support Schemes for Renewable Electricity Technologies: A Function of Innovation Approach [J]. Energy Policy, 2012, 50: 272 – 282.

[128] Rong K. , Liu Z. , Shi Y. Reshaping the Business Ecosystem in China: Case Studies and Implications [J]. Journal of Science and Technology Policy in China, 2011, 2 (2): 171 – 192.

[129] Rong K. , Shi Y. Business Ecosystems: Constructs, Configurations, and the Nurturing Process [M]. Basingstoke: Palgrave Macmillan, 2014.

[130] Salahuddin M. , Alam K. , Ozturk I. The Effects of Internet Usage and Economic Growth on CO_2 Emissions in OECD Countries: A Panel investigation [J]. Renewable & Sustainable Energy Reviews, 2016, 62: 1226 – 1235.

[131] Seto K. C. , Davis S. J. , Mitchell R. B. , et al. Carbon Lock-In: Types, Causes, and Policy Implications [J]. Annual Review of Energy and the Environment, 2016, 41: 425 – 452.

[132] Speth J. G. The Bridge at the Egde of the World [M]. New Haven: Yale University Press, 2008.

[133] Tapscott D. The Digital Economy: Promise and Peril in the Age of Networked Intelligence [M]. New York: McGraw-Hill, 1996.

[134] Triplett J E. The Solow Productivity Paradox: What Do Computers Do to Productivity? [J]. Canadian Journal of Economics, 1999, 32 (2): 309 – 334.

[135] UNGSP. Resilient People, Resilient Planet: A Future Worth Choosing [R]. United Nations, New York: 2012.

[136] Unruh G. C. Escaping Carbon Lock-in [J]. Energy Policy, 2002, 30 (4): 317 – 325.

[137] Unruh G. C. The Real Stranded Assets of Carbon Lock-In [J]. One Earth, 2019, 1 (4): 399 – 401.

[138] Unruh G. C. Understanding Carbon Lock-in [J]. Energy Policy, 2000 (28): 817 – 830.

［139］ Vargo S. L. ; Lusch R. F. Evolving to a New Dominant Logic for Marketing ［J］. Journal of Marketing, 2004, 68: 1 – 17.

［140］ Vazquez M. , Hallack M. The Role of Regulatory Learning in Energy Transition: The Case of Solar PV in Brazil ［J］. Energy Policy, 2018, 114: 465 – 481.

［141］ Viguié V. , Hallegatte S . Trade-offs and Synergies in Urban Climate Policies ［J］. Nature Climate Change, 2012, 2.

［142］ Wang L. , Chen Y. , Ramsey T. S. , et al. Will researching Digital Technology Really Empower Green Development? ［J］. Technology in Society, 2021, 66 (10): 101638.

［143］ York R. , Rosa E. A. , Dietz T. STIRPAT, IPAT and ImPACT: Analytic Tools for Unpacking the Driving Forces of Environmental Impacts ［J］. Ecological Economics, 2003, 46 (3): 351 – 365.

［144］ Zhang J. , Zhang H. , Gong X. Government's Environmental Protection Expenditure in China: The Role of Internet penetration ［J］. Environmental Impact Assessment Review, 2022 (93): 106706.

［145］ Zhou X. , Zhou D. , Wang Q. , et al. How Information and Communication Technology Drives Carbon Emissions: A Sector-level Analysis for China ［J］. Energy Economics, 2019, 81 (6): 380 – 392.